本书系国家社会科学基金项目（09XJY007）研究成果
本书受重庆理工大学优秀学术著作出版基金资助

大学生生存型创业和机会型创业的行为动机、影响因素及转化对策研究

李爱国　著

中国财经出版传媒集团
经济科学出版社
Economic Science Press

图书在版编目（CIP）数据

大学生生存型创业和机会型创业的行为动机、影响因素及转化对策研究/李爱国著．—北京：经济科学出版社，2017.7

ISBN 978－7－5141－8300－9

Ⅰ.①大…　Ⅱ.①李…　Ⅲ.①大学生－创业－研究　Ⅳ.①G647.38

中国版本图书馆 CIP 数据核字（2017）第 187290 号

责任编辑：刘　莎

责任校对：王肖楠

责任印制：邱　天

大学生生存型创业和机会型创业的行为动机、

影响因素及转化对策研究

李爱国　著

经济科学出版社出版、发行　新华书店经销

社址：北京市海淀区阜成路甲 28 号　邮编：100142

总编部电话：010－88191217　发行部电话：010－88191522

网址：www.esp.com.cn

电子邮件：esp@esp.com.cn

天猫网店：经济科学出版社旗舰店

网址：http://jjkxcbs.tmall.com

北京财经印刷厂印装

710×1000　16 开　11.75 印张　240000 字

2017 年 7 月第 1 版　2017 年 7 月第 1 次印刷

ISBN 978－7－5141－8300－9　定价：39.00 元

（图书出现印装问题，本社负责调换。电话：010－88191510）

前　言

创业是经济发展的内源性动力和必然要求，创业状况的好坏是一国经济活力的重要指示器。生存型创业可以解决个体的就业问题，机会型创业不仅可以解决个体自身就业问题，还能为社会创造更多就业岗位。已有研究表明，与生存型创业相比较，机会型创业是高层次创业，蕴含一定的创新性和潜在的发展性，是衡量一国创业水平的重要依据。国外大学生具有很强的创新精神和较高的创业技能，已经成为机会型创业的重要力量，主要活跃在高科技、创新型创业领域。虽然我国鼓励和支持大学生创业的政策日趋完善，但是，我国的大学生创业仍然比较倾向于低风险的传统领域的创业，生存型创业的特征比较明显。与国外大学生创业相比，我国大学生无论在参与创业的人数比例上，还是在创业的层次上都处于较低的水平。

从大学生层面来看，我国大学生创业精神、创业技能等方面存在不足，创业对于绝大部分大学生来说是“不可行”的。创业充满风险和不确定性，而选择国家机关、国有企业、事业单位，可以获得稳定的工资和福利，因此，多数大学生“不愿意参与”创业。从高校层面来看，一方面，多数高校从事创业教育的能力不足；另一方面，政府对高校创业教育投入不足，对创业教育质量的考核和评估制度不够完善。因而，高校支持大学生创业的“可行性”程度并不高，受到的激励与约束也不够。多方因素的叠加，导致我国大学生在短期内难以摆脱“低创业素质—低水平创业”循环的模式。如果任由我国大学生创业低水平发展，长此以往必将影响到我国未来的国际竞争力。必须高度重视我国大学生创业与国外大学生创业存在的差距，着力提高我国大学生创业的数量和质量。因此，探寻我国大学生生存型创业和机会型创业的行为动机和影响因素，提出由生存型创业向机会型创业的转化对策，对提高我国的创业水平、增强我国未来的国际竞争力具有十分重要的意义。

从现有文献来看，大学生生存型创业行为与机会型创业行为之间的联系与差异，以及大学生生存型创业行为向机会型创业行为转化的机制等问题尚无具体的研究成果。本书在充分研究文献的基础上，通过规范的理论分析与实证研究相结合的方法，先分析和总结现有创业动机理论与实证存在的局限性，然后，以认知动机理论整合创业动机理论与创业认知理论构建出“认知创业动机理论分析框架”。在此基础上，一方面，建立一个包含自我实现动机成分、责任动机成分、独立动机成分、把握机会动机成分、响应政策动机成分和生存需求动机成分六个动机要素成分在内的复合性大学生创业动机模型，深入探寻大学生创业行为的动机，重点探寻生存型创业大学生与机会型创业大学生的创业动机在要素组成上的同构性及组成结构上的差异性。另一方面，从文献研究出发，基于中国大学生的自身特点，结合专家咨询和大学生创业者访谈，凝练出影响创业动机的关键性因素（包括自主性、创业自我效能感、感知创业风险、创业教育、创业牵涉程度、创业者社会保障等在内的涉及个体因素、环境因素和认知因素），实证探究这些内外在因素对创业动机的影响关系及影响程度，从而厘清个体因素、环境因素和认知因素影响创业动机的内在机制，并进一步分析生存型创业大学生与机会型创业大学生在上述六个内外在创业动机关键性影响因素认知上存在的显著性差异，为推动大学生生存型创业向机会型创业的转化提供理论支撑。

本书的研究结果包括：①大学生生存型创业动机与机会型创业动机均是多维度的复合概念，均由机会型动机成分和生存型动机要素成分交织在一起耦合而成，自我实现动机、责任动机、独立动机、把握机会动机、响应政策动机和生存需求动机六个创业动机要素是大学生生存型创业动机与机会型创业动机的共同组成成分。②大学生生存型创业动机与机会型创业动机在六个动机要素成分上存在显著性差异，机会型创业大学生受自我实现动机、责任动机、独立动机、把握机会动机、响应政策动机等创业动机要素成分的驱动程度显著高于生存型创业大学生；而生存型创业大学生受生存需求动机要素成分驱动的程度显著高于机会型创业大学生。③大学生创业动机受个体因素、外在环境因素和认知因素的共同影响，本研究所凝练的自主性、创业自我效能感、感知创业风险三个内在特质因素和认知因素以及创业教育、创业牵涉程度、创业者社会保障三个外在环境因素对大学生创业动机存在直接或间接的影响。④机会型创业大学生与生存型创业大学生在自主性、创业自我效能感、感知创业风险、创业教育、创业牵涉程度等因素的认知上存在显著性差异，在大学生创业社会保障水平评价上不存在显著性差异。

由此，本书形成以下研究结论：①大学生生存型创业与机会型创业动机在组成要素上具有同构性，在动机结构上存在差异性。②创业认知的差异性是大学生生存型与机会型创业动机分化的直接原因，机会型创业大学生拥有比生存型创业大学生拥有更加积极的创业认知。③自我认知和创业环境认知是大学生生存型与机会型创业动机分化的间接原因，机会型创业大学生拥有比生存型创业大学生更加积极的自我认知和创业环境认知。④创业认知自我调节因素、内在需要、外在创业诱因是形成创业动机的不可或缺的三要素，大学生生存型创业向机会型创业转化必须基于创业认知及创业动机的差异性。⑤创业认知是大学生与创业环境交互作用的结果，改善创业认知必须基于大学生与创业环境互动的过程。

基于理论与实证研究的结果，本书认为大学生生存型创业向机会型创业转化的本质问题是提高生存型创业大学生的自我实现、责任、独立、把握机会和响应政策等动机要素的相对驱动强度；大学生由生存型创业向机会型创业转化的核心问题是提升生存型创业大学生的创业自我效能感；大学生由生存型创业向机会型创业转化的关键问题是构建一个优化的创业支撑体系，提高生存型大学生的自我认知、环境认知和创业认知的水平。由此，针对大学生由生存型创业向机会型创业转化问题，本书提出以下几个方面的基本对策：

①树立新型人才观，切实在全社会形成科学的创业价值观。高校必须转变教育观念，将培养创业型人才作为大学教育的重要职能；家长必须转变教育观念，将培养创业型人才作为家庭教育价值观念的重要组成部分；社会和政府必须切实提高大学生创业者的社会地位，重视对大学生创业者的社会身份的定位。从而，在全社会形成推崇创业型大学生人才，重视创业型大学生人才培养的新型人才观和价值观，以激励和吸引更多的大学生将创业作为自己的职业取向。②转变家庭和学校教育模式，着力塑造大学生的自主性人格。创业型人力资本是个体创业能力的主要标志，也是机会型创业者与生存型创业者在内在特质上的本质区别，需要全社会共同的支持与培育。必须倡导以独立成长为主导的家庭教育模式，培养大学生独立自主人格，增强自我实现和责任动机；实施以自主学习为主导的学校教育模式，增强大学生的自主性和自我创造意识。③实施创业教育质量工程，大力提升大学生创业自我效能感。大学生具备一定的创业能力，拥有一定的创业信心，是大学生机会型创业的前提条件。而高校拥有良好的创业型人力资本开发能力，是大学生创业型人力资本开发的基础。通过创业教育质量工程，切实提高高校的创业教育水平，大力提升大学生的创业胜任力和创业信心。必须加大对高校创业教育的资金支持，完善创业教育软硬条件；为高校创业教育制定优惠引导政策，提高高校创业型人力资本开发的积极性；制定高校创业教育水平分类评估政策，加强对高校创业型人力资本开发质量的监控；为参与专业型创业学习的大学生提供优惠政策，提高大学生参与创业型人力资本开发的积极性；对选择专业型创业教育的大学生进行严格的考核，使大学生一旦选择创业教育就为之而努力；实施以能力建设为主导的创业教育，切实提高大学生创业的胜任力和自信心。④完善大学生创业风险分担机制，降低大学生感知的创业风险。通过大学生创业保险、风险投资和社会保障体系，完善大学生创业风险分担机制，降低大学生感知的创业风险，从而提高其创业自我效能感，使更多的大学生愿意选择创业，成为无后顾之忧，为创业理想而奋斗的机会型创业者。对从事创业的大学生实行职业

保险政策；培育以国有风险资本为引导，吸引社会风险投资公司积极参与，培育政策性大学生创业风险投资市场；构建专门的社会保障体系，消除创业大学生的后顾之忧；建立大学生创业团队—学校—政府—创业孵化器—风险投资公司“五位一体”的创业运作机制，增强大学生创业的导向性和提高创业成功率。⑤开展创业学学历与学位教育，使得创业成为大学生的自觉行为。在普通高等教育和高等职业教育之外，增加高等创业学学历与学位教育，将创业学专业教育正式纳入国民教育序列。让高等创业学学历与学位教育在校学生享受普通高等教育在校生相关待遇，同时给予与创业相关的补贴，使创业学成为对大学生有吸引力的专业；建立科学的高等创业学学历与学位教育考核机制，完善退出机制，合理分散创业学专业学生的抉择风险；在国有企业、创业学院设立“创业孵化器”，帮助高等创业学专业学生先在“体制”内进行初次创业，之后再推动其自主创业，从而大幅度提高大学生的创业素质和能力，切实推动更多的大学生从事机会型创业。

本书受国家社科基金项目的资助，也得到了重庆理工大学管理学院和科研处的鼎力相助。本书在出版的过程中，得到了经济科学出版社的大力支持。尤其要感谢重庆理工大学管理学院徐刚院长对本书提供的无私帮助。由于学识、水平有限，书中不妥之处恳请各位专家、学者和读者批评、指正。

李爱国

2017 年 6 月于重庆

目录

第一章

绪　论

本章主要介绍研究的背景、国内外研究现状、研究的目的与意义、研究的主要内容、基本思路和方法、创新之处、技术路线，并对大学生生存型创业和机会型创业的基本概念和研究对象进行界定。

第一节　研究的背景

在高等教育由精英阶层普及至社会大众之后，高校毕业生传统方式就业的压力剧增，越来越多的大学毕业生面临着“毕业即失业”的威胁，自主创业成为解决大学毕业生就业问题的有效途径之一（Fatoki，2010）。1998 年世界高等教育大会公报《面向二十一世纪高等教育宣言：观念与行动》明确提出“开发创业的能力和精神，必须成为高等教育的主要任务，以便促进毕业生就业，使他们不再是求职者，而应成为就业机会的创造者”。[①] 因此，“自主创业”，“以创业带动就业”是经济发展和社会就业对高等教育提出的新的要求，也是高等教育自身发展和进步的内在需求。可以说，自主创业是时代赋予高等学校毕业生的历史使命。

在西方发达国家，大学生自主创业非常普遍。据《环球》介绍，美国大学生自主创业的比重高达 20% ~23%[②]。发展中国家的政府尽管非常重视创业，但大学生创业依然处于较低水平。如南非自 2008 年制定了一系列支持大学生

---

① 1998 年世界高等教育大会公报《面向二十一世纪高等教育宣言：观念与行动》第四条，见中华人民共和国教育部官网，http：//www. moe. gov. cn/publicfiles/business/htmlfiles/moe/moe _236/200409/712. html。

② 《中美大学生自主创业对比调查》，《环球》，http：//news. xinhuanet. com/overseas/2007 -09/20/content_6757596. htm，2007 年 9 月 20 日。

创业的政策，但是，大学生参与创业的行动亦令人不乐观，大学毕业生失业现象依然严重（Fatoki，2010）。中国教育部自 1998 年以来，一直鼓励和提倡高校毕业生自主创业，期望大学毕业生在缓解自身就业压力的同时，为社会创造新的就业机会。国务院及其他相关部委也自 2002 年起，相继出台了一系列的优惠和扶持政策，以促进和保障高校毕业生自主创业。尽管国家大力提倡和扶持高校毕业生自主创业，但响应国家号召的高校毕业生寥寥无几。最近 4 年，我国大学生自主创业比例虽然在逐年上升，但与发达国家还存在很大的差距。麦可思（2011，2012，2016）的统计数据显示，2008 届毕业生自主创业比例为 1.0%，2009 届毕业生中自主创业比例为 1.2%，2010 届比例为 1.5%，2011 届的毕业生自主创业比例为 1.6%，2015 届的毕业生自主创业比例为 3%。

不仅如此，中国大学生创业的质量与发达国家亦存在相当大的差距。与发达国家大学生创业相比，中国大学生自主创业的层次比较低。《环球》的调查数据显示，美国大学生自主创业主要集中在高科技领域；而中国大学生相当一部分创业分布在家教、开小店和农业养殖等行业①。据《福布斯》分析，国外大学生创业者更擅长从技术、产品、服务创新入手，创业领域集中于高新技术产业；而中国大学生创业者主要从应用着手，创业方向大多集中于零售行业、文体娱乐业、小学和中学教育、建筑装修、农业养殖和个人服务业等科技含量较低的领域②。麦可思（2012）的统计数据表明，本科毕业生三年后自主创业人群的月收入为 7 030 元，高职高专三年后自主创业人群月收入为 5 231 元，仅比同期就业者的收入高 39% 和 37%。

从中国大学生创业的现状来看，中国大学生创业存在两个方面令人堪忧的问题。一方面，中国大学生参与创业的程度低；另一方面，中国大学生创业的领域集中于生存型创业特征比较明显的产业领域③。然而，相比较生存型创业，机会型创业对经济发展的贡献大，为社会创造的就业岗位多，是一个国家创业水平的重要衡量指标（郭必裕，2010a）。大学生有知识、有能力，综合素质较

---

① 《中美大学生自主创业对比调查》，《环球》，http：//news. xinhuanet. com/overseas/2007 - 09/20/content_6757596. htm，2007 年 9 月 20 日。

② 《中美年轻人创业环境差异大》，《京华时报》，http：//epaper. jinghua. cn/html/2012 - 03/01/content_766308. htm，2012 年 3 月 1 日。

③ GEM（Global Ent repreneurship Monitor，全球企业家监视器）认为生存型创业指那些由于没有其他就业选择或对其他就业选择不满意而从事的创业活动。机会型创业是指那些为了追求商业机会而从事的创业活动。根据薛红志等（2003）的研究，中国大学生创业集中的产业领域比较符合生存型创业者所偏好的产业。参见薛红志，张玉利，杨俊. 机会拉动与贫穷推动型企业家精神比较研究［J］. 外国经济与管理，2003（6）：2 - 8.

高，高校和社会对大学生创业有着广泛的支持，大学生创业呈现出其独特的机会型创业的比较优势（郭必裕，2010b），因此，从一定的程度上说，机会型创业是大学毕业生的时代责任。当前，西方发达国家的大学生从事机会型创业活动非常活跃，而我国的大学生虽然在机会型创业方面也拥有独特的优势，却没有成为机会型创业的主力军（郭必裕，2010a，2010b）。

为什么中国大学生不愿意选择创业？为什么中国大学生即使选择创业亦青睐生存创业特征比较明显的低技术产业创业领域？上述问题，在现有国内外文献中还没有找到现成的答案。据清华大学中国创业研究中心的研究，当前中国的总体创业环境已经处于世界中等水平，社会各界和高校对大学生创业也形成了广泛的共识和大力的支持（郭必裕，2010a），为什么中国的大学生创业率和创业质量仍然偏低？其实，改善创业环境和完善创业政策等外部激励并不是根本性的，增强个体的创业动机才对创业行为起根本性的刺激作用（段锦云等，2012）。创业动机引发和决定创业行为（Carsrud & Brännback，2011），创业动机的不同导致创业行为的差异（Shane et al.，2003）。之所以有些大学生选择生存型创业，另外一些大学生选择机会型创业，是因为他们的创业动机存在差异。但是，两种不同类型的大学生创业动机存在怎样的本质差异？他们的创业动机受到哪些因素的影响及内在的机制是什么？如何促进大学生由生存型创业向机会型创业转化？现有文献要么强调生存型与机会型创业动机之间“截然不同”，要么坚持认为两者之间“难以区分”，对于影响两种创业动机的内在机制也缺乏理论构建与实证探寻。由于现有研究尚未厘清上述两种类型创业动机之间的联系与区别，也没有明晰创业动机的内在影响机制，因而，无法解决本研究提出的上述三个主题问题。

虽然尚恩等（Shane et al.，2003）强调指出，近年来创业领域的研究者往往聚焦于创业环境和创业机会，却忽视了人的能动性（动机）在创业过程中的决定性作用。但是，创业动机仍然是一个新的研究领域，至今连统一的、完整的和清晰的创业动机的概念都未形成（段锦云等，2012），更未确立起系统的理论体系，难以为上述的研究问题提供相应的理论支持。本研究以认知动机理论为基础工具，整合现有的创业动机理论和创业认知理论，构建一个“认知创业动机理论分析框架”，采用定性与定量相结合的方法，探索大学生生存型与机会型创业的行为动机的形成机制、动机结构及差异性，探寻个体因素、环境因素和认知因素影响大学生创业动机的内在机制及两种不同类型创业大学生的认知差异性，并提出促进大学生由生存型创业向机会型创业转化、提升大学生创业质量的策略和政策建议，为我国当前和今后的高校毕业生创业问题提供决策参考。

第二节 国内外研究现状

创业研究由来已久，20 世纪 80 年代以来逐步形成了一个研究领域。国内外学者从经济学、管理学、社会学、心理学等不同角度或综合考察创业问题，现有的国内外文献囊括了创业的概念与内涵、创业的动机、创业精神、创业的机会、创业的环境、创业者的能力、创业者个体特质、创业团队、创业过程、创业教育等诸多方面的内容。然而，现有创业研究还很不成熟，在研究内容、研究方法和发展方向上均未达成一致，正处于理论创建的探索阶段（张玉利等，2007）。由于缺乏一套典范的理论架构和明确的研究边界，研究者有不同的关注点，涉及心理学、社会学、经济学、管理学和人类学等多个领域（刘常勇和谢如梅，2006）。目前，创业行为的研究亦处于探索阶段，国内外创业研究者从不同视角出发，在诸多领域对创业行为进行探寻，从个体特质、创业能力、心理因素、环境因素、文化因素等多方面或者综合询求创业行为的起因。

在众多的社会心理领域的研究者看来，只有具备某些特质的个体才会选择创业。创业者成长动机强烈，在价值观、创新精神、风险偏好、成就感、处事方式、领导风格、社会经验和能力等方面与非创业者存在明显差异。其中，个体的成长动机是企业创建和持续增长的决定性因素（Davidsson，1991），而企业家的个性特质，尤其是成功所需的个性特征对企业家的创业动机产生较大的影响（张玉利等，2006）。李仁苏（2008）实证结果显示，企业家在创业活动中有不同程度的高峰绩效、顶峰体验和沉浸体验，高、低成长型企业家在这三个构念上存在显著差异，对创业行为存在不同的影响作用。提蒙斯（Timmons，1999）认为创业个体或团队必须具备从容应对逆境，善于学习，高超的创造、领导和沟通才能，较强的柔性和韧性，对市场环境的变化有很强的适应能力等特质。由此，早期的创业研究者通常从创业者的个性特质、创业技能和心理因素等方面探寻创业行为发生动因。

后续的研究者认为，要想充分理解创业者的个性特质和素质，必须探寻其背后更深层次的社会和文化原因。特定的社会文化对创业行为的发生以及创业行为方式起决定性作用（Suzuki et al.，2002），创业受文化、家庭背景和社会交往关系等外在的情景因素和社会文化因素的共同作用和影响（Shapero & Sokol，1982）。国内研究者孔伟（2005）的对比分析表明，创意文化的差异是造成我国东北地区创业水平远远低于浙江地区的深层次原因。因此，社会和文化背景因素是个体创业行为发生的重要的引致力量。

另有研究者认为，仅仅从个体的角度难以完整解释创业现象，创业是创业者在特定的外部环境下，拥有、利用和调控特定资源进行创新的复杂活动。因此，资源和环境是影响创业行为的两大重要因素（Shane & Venkatarama, 2000）。其中，资源是创业不可或缺的支撑要素，合理利用和控制资源是创业的基本前提之一（Timmons；1999）；同样地，技术因素、市场因素、政策因素和资源因素等外在环境对创业活动有一定的促进或制约作用（Gartner，1985）。由此，克里斯蒂安和朱利恩（Christian & Julien，2000）认为创业在一定程度上是创业者、新事业、时间和环境的函数，在创业的整个流程中，外部环境不断对创业行为和创业过程产生相应的影响。

更多的研究者认为，创业是一个复杂的过程，受到诸多的内外在因素的综合影响。贾特纳（Gartner，1985）认为创业是创业个体、创业环境、创建的组织以及创建企业的过程四个要素的综合作用的过程。类似地，提蒙斯（1999）也认为机会、资源和团队是创业三要素，创业活动是对机会、创业团队和资源三者进行整合的结果。卢瑟杰和弗兰克（Luthje & Franke，2003）建立的创业研究模型包含了风险承担、内源控制、创业态度等社会心理变量，以及支持创业的环境和阻碍创业的环境等环境变量。张玉利和杨俊（2003）以机会感知、创业团队和资源的获取为内核因素，以个人特质、文化环境和经济环境为外生影响因素，构建出企业家创业行为概念模型。范巍和王重鸣（2004）将个性特征、背景因素和环境因素归纳为影响创业倾向和创业行为的主要研究变量。

至于个体创业的行为动机问题，现有研究主要从心理学角度加以考量，认为创业动机是促使具有创业能力和创业条件的个体实施创业行为背后的内在驱动力（Olson & Bosserman，1984），在创业过程中起关键性作用（Shane et al.，2003）。GEM（2001，2003）、薛红志等（2003）根据初始创业动机的不同，进一步将创业活动划分为生存型创业和机会型创业两种基本类型。然而，更多的研究者认为创业动机是复杂的，生存型创业动机与机会型创业动机难以准确区分（Giacomin et al.，2011a）。创业是一个非常复杂的过程，受到多种动机和刺激因素的共同作用（Birley & Westhead，1994；张玉利和杨俊，2003）；Giacomin et al.，2007；Block & Sandner，2009；Solymossy，1997；Verheul et al.，2010；Williams et al.，2006；Williams et al.，2007；王玉帅，2008），不能够简单地将创业动机划分为生存和机会型。

在国内外创业研究领域，大学生创业是创业研究者广泛关注的问题。现有的多数大学生创业研究文献成果主要侧重于应用研究，认为大学生创业受内外在因素的综合影响（刘沁玲，2008）。国内外研究者，如卢瑟杰和弗兰克（2003）、贺丹（2006）、吉亚考民等（Giacomin et al.，2011b）、法托齐（Fatoki，2010）、高日光等（2009）等均从个体、环境和心理等多方面的因素入手建立综合研究模型，实证探寻大学生的创业行为与创业动机问题。

综观国内外创业文献，我们发现在大学生创业研究领域存在几个方面亟待深入研究的问题：一是，现有研究在探讨大学生创业问题时主要沿用针对一般创业者研究的成果，对大学生自身的特点不够关注。大学生无论是在资金和社会网络等资源支持方面，还是在管理能力、个人社会经验、先前的创业经历、风险承担受等个体特质和能力方面与一般的创业者都存在一定的差异，因此，针对一般创业者的创业行为研究成果是否适用于预测大学生的创业行为尚需验证。二是，现有研究在探讨中国大学生创业问题时，对中国大学生成长环境和成长经历考虑不够充分。国外关于大学生的创业行为研究所依赖的社会、文化背景与教育体制与中国的实际情况存在明显的差异，相应地，国外大学生在创业的主动性、动机、创业能力以及社会支撑系统等方面均不同于中国高等学校学生，因而，其研究结果是否能用于中国的大学生创业行为的预测还值得探讨。三是，创业的外在环境因素和内在个体因素对创业动机的影响路径和机制等问题尚未得到深入研究。在国内外创业研究文献中，虽然个体因素和环境因素均作为创业动机的影响因素，但两者之间存在怎样的内在联系，以及两者共同作用于创业动机的内在机制等问题尚未明晰。四是，生存型创业行为与机会型创业行为之间存在的联系与差别，以及生存型创业行为向机会型创业行为转化的机制等问题尚无具体的研究成果。上述四个方面的问题是促进大学生由生存型创业向机会型创业转化的重要问题，在现有的国内外创业研究文献中尚未得到解决，因而，也是本书的研究重点。

第三节 研究的目的与意义

本研究在国内外文献研究的基础上，确立初步研究框架，在专家和大学生访谈之后进一步明确研究主题，确定研究变量，建立研究模型，提出研究假设。随后，利用问卷调查收集数据，运用 SPSS15.0 软件和 LISREL8.54 软件进行数据分析和假设验证。最后，根据数据分析结果，提出中国大学生由生存型创业向机会型创业转化的内在转化机制及相应的转化对策和建议。

本项目研究的目的和意义在于：一是，深入分析一般的生存型创业和机会型创业的创业动机和创业行为研究成果，整合认知动机理论、创业动机理论与创业认知理论，建立一个新的研究框架和研究模型，以诠释中国大学生的创业动机。在借鉴国内外相关研究成果的基础上，构建认知创业动机理论分析框架，并充分考虑大学生尤其是中国情境下的大学生个人成长经历的特点，遴选自主性、自我实现、社会保障、创业牵涉程度、创业教育、创业自我效能感、感知创业风险、创业责任感等变量建立研究模型，深入探讨中国大学生生存型创业和机会型创业的创业动机，以及中国大学生生存型创业向机会型创业转化的内在机理和基本对策。二是，深入探寻创业的外在环境因素，如创业教育、成长经历、社会保障等对影响个体创业动机的内在因素（创业自我效能感）存在的影响，力图找出大学生生存型创业与机会型创业行为之间存在差异的深层次原因。个体特质因素是创业的内因，环境因素不仅是创业的外因，影响个体创业的外在推动或阻碍力量，也对个体特质的形成产生深刻的影响。在中国教育环境下成长起来的大学生，在个体特质和综合素质上均难以匹配创业，尤其是机会型创业的内在要求[①]。这可能是中国大学生创业生存型的特征比较明显，而美国等发达国家大学生是高科技、高技术等领域的机会型创业的生力军的深层次原因。三是，深入研究大学生生存型创业行为向机会型创业行为转化的机制，为中国大学生创业支撑体系的构建和完善提供政策建议。与普通社会个体相比较，大学生接受长期的教育，拥有丰富和较为深刻的理论知识，具备一定的文化科技素养，理应成为引领社会发展的先锋力量。欧美等发达国家的大学生已经成为科技创新和经济发展的生力军，是机会型创业的新生力量。而中国的大学生并没有按照人们所预想的那样，成为机会型创业的主力军。本项目力图探明生存型创业向机会型创业转化的机制，为中国大学生从事机会型创业支撑体系的构建和完善提供相应的政策建议。

本研究成果主要为政府创业政策制定部门、人力资源与社会保障部门、战略规划部门、教育主管部门及各级教育机构共同促进大学生高水平创业提供理论支持和决策参考。①为政府完善大学生创业促进政策提供决策参考。目前，大学生创业政策已经相当完善。但是，机制设计所必需的“可行性”“参与性”和“激励相容”三要素并没有同时满足[②]。政府部门要注重机制设计“三

① 本书作者以第一作者发表于《复旦教育论坛》2012 年第 1 期上的论文《教育制度设计对大学生机会型创业意向的影响——来自重庆的实证研究》，《人大复印资料》2012 年第 5 期全文转载。

② 此处的论点见本书作者以第一作者发表于《南昌航空大学学报》2013 年第 2 期的论文《基于机制设计理论的大学生创业型人力资本开发策略优化研究》。

要素”的协同发展，针对大学生创业相关的主体（大学生、高校、社会组织等）制定系统的促进政策，使得各主体有能力、积极参与创业相关活动并为之而努力。②为人力资源与社会保障主管部门制定创业者社会保障政策提供决策参考。当前，我国针对大学生创业者本人的社会保障措施还不够完善。为大学生创业者提供专门的社会保障，让大学生创业者没有后顾之忧，安心追求和投身于高层次、高水平创业。③为政府战略规划部门提供决策参考。大学生创业不是解决就业难的权宜之计，关乎国家的未来发展和国际竞争力。与国家和地方发展战略相匹配，制定相应的大学生创业发展中、长期规划，发布大学生创业指南，引领大学生在国家和地方战略发展重要领域创新和创业。④为教育主管部门和教育机构完善创业教育和创业素质养成教育提供政策建议。创业动机要素的形成是长期的过程，仅仅在高等教育阶段来激发难见成效[①]，必须将创业动机培育工作前置。各级教育机构需要共同参与创业教育，尤其要注重大学教育之前的创业动机要素的激发与培育。

第四节　基本概念和研究对象的界定

一、基本概念的界定

本书的基本概念包括大学生生存型创业和大学生机会型创业。根据 GEM（2003）的研究，生存型创业是由于缺少工作机会抑或是缺少满意的工作机会，迫于生存的需要而创立企业，机会型创业是个体为实现自我价值、追求理想等目标，寻求并把握市场机会而自愿进行的创业行为（薛红志等，2003）。基于此，本研究认为生存型创业是个体在没有更好的就业选择的情形下，为了生存的需要而选择创业；机会型创业是个体在有较好的就业选择的情形下，为了追求心中既定的理想和目标而进行的创业。

相应地，根据 GEM（2003）和薛红志等（2003）关于生存型与机会型创业的定义，本研究认为大学生生存型创业是指大学生无法找到自己满意的工作，为了生存的需要而被迫进行的创业活动；大学生机会型创业是指大学生为了实现自己的理想和人生目标，即使能够找到较好的工作也放弃就业而选择创

① 此处的论点见本书作者以第一作者发表于《复旦教育论坛》2012 年第 1 期的论文《教育制度设计对大学生机会型创业意向的影响——来自重庆的实证研究》，《人大复印资料》2012 年第 5 期全文转载。

业，即大学生为了自身发展的需要而自愿、自觉地进行的创业活动。

二、主要研究变量的界定

本书主要的研究变量包括创业自我效能感、创业风险感知、自主性、创业牵涉程度、创业教育、创业者社会保障、创业的责任动机和自我实现动机八个因素，具体界定如下：

（1）创业自我效能感。自我效能感是指个体对其竞争能力的信念，是个体对自己是否有能力完成某项具体任务的综合评估。创业自我效能感是指个体对自己能否创业成功的主观判断或感知，是个体对自己能否成功创业的自我认知（马占杰，2010）。创业自我效能反映的是个体对自己完成某种创业的相关任务或行为的能力的知觉或对达到创业行为目标的信心或信念（韩力争和傅宏，2009）。本研究主要探寻大学生对自己的创业能力的自信程度，对克服创业困难的信心，对自己创办和经营企业的难易程度以及创业成功概率大小的主观评估。

（2）感知创业风险。创业风险包括经济的和非经济的损失和不确定性，创业风险感知就是个体对创业所存在的风险和不确定性的认知（Robinson，2010）本研究主要探讨大学生对创业可能存在的经济损失、机会成本和健康成本的感知。

（3）自主性。自主性是个体的一种人格品质，包括学习、工作、生活、交往等诸多方面。本研究考虑到大学生群体的特殊性，主要探寻其在学习过程中能否发挥主动性、积极性和创造性，以及在遇到问题时是否有自己的主见，是否主要依靠自己解决问题。

（4）创业牵涉程度。创业牵涉程度是指个体对创业及创业者的了解程度，与创业者接触的频次、深度，以及参与创业相关活动的程度。作为现代大学生群体来说，社会实践活动范围越来越广泛，与创业有关的联系和参与越来越多。本研究主要探寻大学生对企业家创业经历的理解程度，与同辈人中创业者的交往情况，与亲戚朋友中创业者的联系状况，以及是否参加与经营管理有关的实践，对企业的创建与运行的了解程度。

（5）创业教育。创业教育是通过相关的课程体系整体开发受教育者创业基本素质，提高受教育者创业能力的教育活动（郭洪等，2009）。本研究主要探讨大学生对自己在学校接受创业理论与实践学习的总体水平的评价，包括在学校学习创业知识、创业思维训练、创业能力训练，以及参加创业计划模拟实训等的状况的主观评价。

（6）创业者社会保障。本研究中的“社会保障”是指针对创业者的社会保障。现代社会保障制度逐步将最广泛的社会群体纳入其保护范围之内，近年来我国开始关注创业者的社会保障。当前，我国各地制定了大学生创业享受社会保险补贴政策，基本上参照灵活就业人员的办法给予大学生创业者本人社会保险补贴。本研究主要探寻大学生对现行大学生创业社会保险补贴的力度大小、时间长短、完善程度、补贴方式的主观评价。

（7）创业责任动机。责任感是个体对自己负责以及对他人的需要和福利负责（Ruyter，2002）。责任感表现为多个方面，本研究的责任动机主要是责任感在创业问题上的体现。大学生创业作为世界教育大会所提出的时代使命和中国政府激励倡导的就业政策，在大学生的内心意识中是否唤起通过自己的创业，为社会创造就业岗位，为经济社会发展做出自己更大的贡献的社会责任感，以及通过创业改善父母和家人的生活质量，带领亲戚朋友过上幸福生活的个人责任感。

（8）自我实现动机。自我实现是人们实现个人理想、抱负、发挥个人聪明才智的需要，是人们自觉地为自己的发展设定目标，并努力使自己在品格、能力、社会关系等方面达到自己的发展目标的过程（吴倬，2000）。自我实现有很多种途径和方式，在社会倡导大学生创业的历史时代，大学生是否想一显身手，通过创业展示自我、出人头地，赢得社会和他人的尊重，实现自己的人生价值。

三、研究范围及问卷调查对象的界定

在国外关于大学生创业的研究领域，许多实证研究均以在校大学生（包括研究生）为问卷调查对象。如，法托齐（Fatoki，2010）在探讨大学生创业动机等问题时，收集的样本数据来自于南非的 4 所大学的在校本科生和研究生，其中 230 份样本参加过创业课程学习，471 份样本没有参加过创业课程学习。类似地，英伊等（Moy et al.，2003）在探寻香港青年人的创业动机问题时，以在校高年级大学生为问卷调查对象。高日光（2009）在构建中国大学生创业动机模型和测量大学生创业动机时，样本来源于华东地区的 949 大学本科生在校生。吉亚考民等（Giacomin et al.，2011b）在比较包括中国在内的五国大学生创业动机差异时，同样使用在校大学生样本，其中，一年级大学生占 24.6%，二年级大学生 27.7%，三年级大学生 20.2%，四年级大学生占 14%，五年级大学生占19.5%。从现有研究大学生创业动机问题的文献来看，大部分研究者使用在校大学生作为样本对象，基本上没有考虑或报道这些大学生有无创业意向和想法，也没有统计这些样本有无创业经验抑或是否在创业。如莫伊等（2003）在探寻香港大学生创业动机问题时，问卷提问方式为“假定您是创业者……”①

从中国的实际情况来看，最初，国家制定的鼓励大学生创业的扶持政策主要针对大学毕业生（毕业后两年内）②。然而，国家鼓励大学毕业生自主创业的政策出台以来，从事自主创业的大学毕业生比例一直处于1.6%左右的低水平③。此后，国内许多地方政府将支持大学毕业生自主创业的时间节点前置，从在校大学生开始抓起。如重庆市于2009年出台的系列扶持政策，旨在锻炼和提高大学生创业能力，而支持对象为在校大学生④。

基于以上认识，本研究认为，从国内外文献的研究经验来看，选择在校大学生作为研究对象和样本来源来研究大学生创业动机问题是恰当的、有科学依据的；从中国的现实情况来看，中国每年从事自主创业的大学生的比例非常低，如果从这些为数较少的正在创业的大学生中选取样本，难度非常大，难以达到本研究所需要的样本数量，可行性程度不高。因此，本书遵循和借鉴国内外研究者普遍采用的方法，主要以在校大学生为样本来源。

第五节　研究的主要内容、基本思路和方法

一、研究的主要内容

本书的主要内容包括创业动机基础理论分析框架的构建、相关文献的综述、建立大学生创业动机测量模型与影响机制模型、提出研究假设并进行实证

---

① 莫伊等（Moy et al.，2003）在测量大学生创业动机时，使用“假定您是创业者，请您根据您的创业动机对以下题项作出评价”来进行探寻，可见，研究者并不关心受访对象是否是真正的创业者。具体参见 Jane W. H. Moy，Vivienne W. M. Luk and Philip C. Wright. Perceptions of Entrepreneurship as a Career：Views of Young People in Hong Kong［J］. Equal Opportunities International，2003（4）：16－40，20.

② 《关于促进以创业带动就业工作指导意见的通知》（国办发［2008］111号），http：//www.gov.cn/zwgk/2008－10/30/content_1136088.htm。

③ 麦可思研究院. 2011年中国大学生就业报告［M］. 北京：社会科学文献出版社，2011.

④ 《重庆市人民政府办公厅关于促进大学生自主创业的意见》（渝办发［2009］72号）http：//www.cq.gov.cn/zwgk/zfgw/139062.htm。

检验、大学生生存型创业向机会型创业转化机制及对策研究等。

（1）文献研究。在充分研究国内外文献关于创业的概念与内涵、创业的动机、生存型与机会型创业动机、创业者个体特质、创业教育、创业风险、创业能力等成果的基础上，确立本书的研究框架。

（2）基础理论分析框架的构建。整合现有的认知动机理论、创业动机理论和创业认知理论，构建“认知创业动机理论分析框架”。

（3）研究模型与研究假设。基于文献研究，结合前期调研和专家咨询，建立大学生创业行为动机测量模型，以及创业动机影响因素概念模型，并提出研究假设。根据初步框架，选择重点问题进行专家和大学生进行访谈，进一步明确研究主题，确定进入模型的研究变量，建立大学生创业行为综合性概念模型，并提出研究假设。

（4）测量量表和调查问卷。基于相关文献成果，结合专家咨询，发展各研究变量的初步的测量量表和调查问卷。对国内外主要研究所提供的相关研究变量的测量题项进行语义转换和修改，并自行发展目前文献尚未提供量表的研究变量的测量题项，编制出本项目的初步量表和调查问卷。

（5）问卷调查的实施。先进行小范围、小规模的试调查，了解调查对象对量表和问卷的意见与评价，考察量表的合适性以及语义的清晰程度，最终确定本项目的正式调查问卷。在重庆、上海、合肥、成都、杭州、南京、南昌等地的高等学校进行大样本问卷调查。

（6）数据分析、假设验证与讨论。利用 SPSS15. 0 软件进行描述性统计和探索性因子分析，并运用 LISREL8. 54 软件进行验证性因子分析、二阶因子分析和结构方程分析以验证研究假设，并就研究结果展开相关的讨论。

（7）大学生生存型创业向机会型创业转化机制及对策研究。根据上述研究的结果，确定中国大学生创业行为的发生机制和关键约束变量，提出相应的解决方案和促进机制；根据大学生生存型创业与机会型创业动机影响因素，构建大学生生存型创业向机会型创业转化的政策体系。

本书分为以下七章：

第一章，绪论。主要介绍本书的研究背景、研究目的与意义、国内外研究现状、基本概念的界定、研究内容、研究方法、创新之处等。

第二章，相关研究文献回顾。主要对国内外关于创业的概念、创业动机、创业意向、生存型创业与机会型创业动机、创业动机与创业意向的影响因素、创业动机的影响机制、生存型创业向机会型创业转化等研究成果进行归纳、概括和总结，并进行了相应的研究评述。

第三章，理论构建与分析框架。以认知动机理论整合创业认知理论和创业动机理论，构建一个基于认知的创业动机理论分析框架——“认知创业动机理论分析框架”，用于揭示大学生生存型与机会型创业动机本质属性、联系与差异及其内在的影响机制和转化路径。

第四章，大学生生存型和机会型创业动机同构性与差异性检验。主要对大学生生存型创业和机会型创业动机进行了实证测量，探寻了大学生生存型创业和机会型创业动机之间的联系和存在差异性。

第五章，大学生生存型与机会型创业动机影响因素及认知差异性分析。主要对大学生生存型创业与机会型创业影响因素进行了实证分析，并检验了生存型创业大学生与机会型创业大学生对上述影响因素的认知存在的差异性。

第六章，研究结论、讨论与研究展望。对前文的理论与实证研究进行了相应的总结，得出本书的研究结论，并就此与文献研究成果进行对比分析和讨论。

第七章，大学生生存型创业向机会型创业转化的对策。基于理论与实证研究结果，为大学生生存型创业向机会型创业转化提供了相应的对策和建议。

二、研究的基本思路

本书的研究遵循以下基本思路：

第一，鉴于个体创业行为的复杂性，本研究将管理学、社会学、心理学的视角相结合，基于国内外文献关于创业的概念与内涵、创业的动机、创业者的能力、创业者个体特质、创业教育、创业风险等诸多方面的研究成果，综合考察中国高等学校学生的生存型创业和机会型创业的行为动机、影响因素和转化机制。

第二，鉴于质和量的研究方法交叉使用可以提高研究的信度和效度，本研究将定性分析与定量分析相结合，在文献研究的基础上确立研究框架，并通过专家访谈和大学生访谈选择与中国当前的实际情况联系紧密的研究变量建立综合概念模型，提出研究假设，发展研究量表和制作调查问卷，以大学生作为对象展开问卷调查收集数据，然后利用 SPSS15. 0 软件和 LISREL8. 54 软件进行数据分析以验证研究假设，在此基础上有针对性定性地提出管理策略和政策建议。

第三，鉴于中国高校学生创业与就业之间密切的相关性，本研究将立足于中国的高等教育由精英教育向大众教育转型的制度特点和观念范式，将大学生创业纳入高校毕业生自身就业和为社会创造就业机会的视野，从微观上把握大学生创业行为发生的机理，从宏观上为大学生创业构建社会支持系统和社会促进机制。

第四，基于文献中关于驱动创业者的创业的动机因素交织复合的观点，一方面，将大学生机会型创业动机和生存型创业动机放在同一评价框架下进行测量，同时，明确区分大学生机会型创业和生存型创业动机在各个动机成分上的显著性差异。另一方面，将创业研究所涉及的个体特质因素、环境因素、教育因素整合在一起，形成一个综合性创业动机模型，实证探寻影响创业动机的主要内外在因素，并明确探寻机会型创业和生存型创业大学生在这些创业动机影响因素认知上的显著性差异。

三、研究方法

本研究采用理论与实证相结合的研究方法开展研究：一是文献研究法。根据现有文献，厘清国内外关于个体创业行为动机的研究重点、研究方法及存在的问题，在借鉴已有的研究成果的基础上，构建中国大学生创业行为动机研究框架。二是专家和大学生咨询法。在文献研究的基础上，利用开放式访谈法和半结构式访谈法对有关专家和大学生进行个别或集体访谈，进一步确定本研究的主题和获取背景信息。三是问卷调查法。在文献研究和访谈的基础上，利用结构方程理论和方法，选择恰当的研究变量，建立综合研究模型，并确定相关变量的初步测量量表，编制相应的调查问卷。四是实证研究法。利用 SPSS15.0 软件对问卷数据进行描述性统计和探索性因子分析，并进一步运用 LISREL8.54 软件进行验证性因子分析、二阶因子分析和结构方程分析以验证研究假设。五是定性分析法。基于理论研究与实证研究的结果，定性提出大学生生存型创业向机会型创业转化的基本对策。

第六节 创新之处

本研究的创新之处在于整合认知动机理论、创业动机理论与创业认知理论，构建出“认知创业动机理论分析框架”，以此为理论分析工具，提出并检验了大学生生存型与机会型创业动机组成的同构性和动机结构的差异性；探寻并检验了个体因素、环境因素和创业认知因素影响大学生创业动机的内在机制以及大学生自我认知、环境认知和创业认知的差异性。在此基础上，提出大学生由生存型创业向机会型创业转化的对策和建议。具体包括以下几个方面：

一是以认知动机理论为基础架构，整合创业动机理论与创业认知理论，构建出“认知创业动机理论分析框架”，为创业动机的形成机制、创业动机的影响机制、生存型与机会型创业动机的内在结构以及生存型创业向机会型创业的转化机制等创业动机深层次问题的研究提供理论支撑和分析工具。

二是在借鉴现有大学生创业动机研究成果的基础上，构建大学生创业动机测量模型，并以问卷调查数据验证了大学生机会型创业和生存型创业动机均由六个创业动机要素成分耦合而成，自我实现动机、责任动机、独立动机、把握机会动机、响应政策动机和生存需求动机六个创业动机要素成分以不同的影响程度交织出现在两种不同创业类型的大学生身上。

三是以本研究所建立的大学生创业动机模型为基础，进一步探寻大学生机会型创业与生存型创业在六个创业动机要素成分上存在的显著性差异。本研究实证分析表明，机会型创业大学生受自我实现动机、责任动机、独立动机、把握机会动机、响应政策动机等创业动机成分的驱动程度显著高于生存型创业大学生；而生存型创业大学生受生存需求动机成分驱动的程度显著高于机会型创业大学生受生存需求动机成分驱动的程度。

四是通过文献回顾和实证研究，探讨建立包含自我实现动机、自主性、责任动机、自我效能感、社会保障、感知创业风险、创业教育、创业牵涉程度等变量在内的大学生创业行为动机影响因素概念模型，并利用问卷调查数据检验自主性、自我效能感、社会保障、感知创业风险、创业教育、创业牵涉程度六个内外在因素对自我实现动机和责任动机的直接或间接影响。本研究实证分析表明，自主性、创业自我效能感显著影响到大学生自我实现动机和责任动机，大学生自主性程度越高，创业自我效能感越高，自我实现动机和责任动机越强烈；自主性、创业教育、创业牵涉程度、感知创业风险显著影响到大学生自我效能感，大学生自主性程度越高、感知的创业教育水平越高、创业牵涉程度越高、感知创业风险越低，创业自我效能感越高。大学生感知社会保障水平越高，感知创业风险越低。

五是以本研究所建立的大学生创业动机影响因素概念模型为基础，进一步探寻大学生机会型创业与生存型创业在六个创业动机影响因素的认知上存在的显著性差异。机会型创业大学生与生存型创业大学生在自主性、创业自我效能感、感知创业风险等个性特质及创业教育、创业牵涉程度等环境因素方面的认知上存在显著的差异，在大学生创业社会保障水平评价上不存在显著差异，均持有负面的评价。本研究实证分析表明，机会型创业大学生在自主性、创业自我效能感、创业教育、创业牵涉程度等方面的认知水平显著高于生存型创业大学生，而生存型创业大学生对创业风险的感知比机会型创业大学生对创业风险的感知更强烈。

六是基于数据分析结果，系统提出促进和保障中国大学生创业，尤其是促使生存型创业向机会型创业转化的对策和建议，对策的核心是提高大学生自主性、创业自我效能感，降低感知创业风险。一方面，通过教育改革，进一步提高大学生的自主性和自我实现需要的强度；另一方面，通过激励和监控高校创业教育，提高创业教育水平和创业牵涉程度，进而提高大学生创业自我效能感；在此基础上，构建专门的大学生创业社会保障体系，降低大学生感知创业风险。使创业对于大学生来说是“可行的”、愿意“参与的”和愿意“为之而努力”的，从而促使大学生主动肩负起机会型创业的历史责任。

第七节　技术路线

本书遵循以下技术路线，见图1－1。

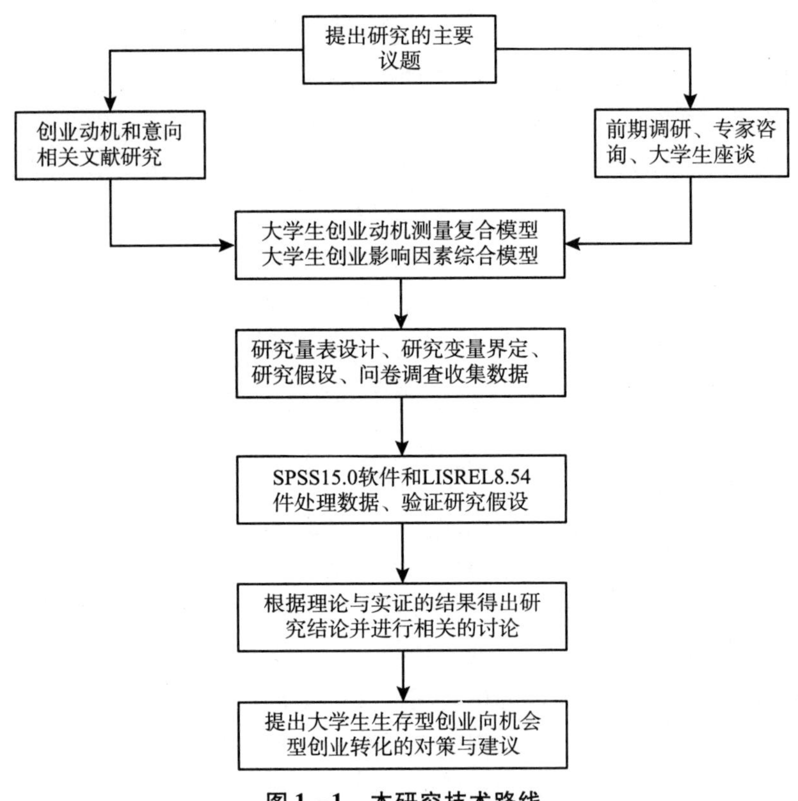

图1－1　本研究技术路线

第二章

相关研究文献回顾

本章主要对创业的概念、创业行为动机的概念、创业行为动机的分类、创业行为动机的影响因素、创业意向的概念、创业意向的影响因素等文献研究成果进行简要回顾。

第一节 创业的概念、内涵与类型

虽然早在二三百年前，“创业”一词就出现在经济文献中，但是，创业是一个非常复杂的社会经济现象，学术领域的创业研究至今仍处于解释性阶段。在定义“创业”、界定创业研究领域的主要内容和范围等问题上，仍然存在着激烈的争论。迄今为止，学术界仍对创业的含义各持已见，未能达成共识（张健等，2003）。早期的创业研究者侧重于描述新企业的创建或新业务的开创，对创业的过程和环境关注不够，认为创业就是发起、维持和开展以利润为导向的有目的的业务活动（Cole，1968）。与之类似，贾特纳（Gartner，1985）亦认为创业就是“新事业的创建”。

后续研究者开始关注新建企业过程中所面临的环境问题，在创业概念界定时强调资源、风险、机会、创新等内涵。多灵格斯（Dollingers，2003）认为创业是在风险及不确定环境下，创办新的经济组织；郁义鸿等（2000）强调创业是一个发现和捕获机会，并藉此创造出新产品、新服务，以及实现这些新产品和新服务的潜在价值的活动过程；同样地，王玉帅（2008）认为创业是创业者发挥自身人力资本优势，整合其他资本发现、开发商业机会以及管理新创企业的过程。在这个过程中，主体必须要承担和收益相匹配的风险。另有学者强调创业是把握机会和创新的过程，如格尔德仁等（Gelderen et al. ，2008）认为创业是反映个体对鉴别市场机会，并抓住市场机会生产新产品、发展新经济形式的能力和动机的一种态度。因此，把创业仅仅理解为创建新企业是片面的，创业是一种思考、推理和行为方式，它为机会所驱动，是基于创业机会的市场驱动行为过程。创业的本质更在于把握机会、创造性地整合资源、创新和快速行动（张玉利等，2006）。

近年来，从机会观角度出发，结合创业者、创业环境、创业资源来理解创业问题，受到研究者的广泛关注。尚恩和文卡塔拉曼（Shane & Venkataraman, 2000）认为创业是创造新产品或新服务的市场机会的发现、评价和开发的过程，以及利用新的组织方式来重组市场、业务流程和原材料的过程。布瑟伊兹等（Buseuitz et al., 2003）亦强调创业者与机会识别之间的联系和作用，认为创业活动是环境中机会与个人、团队或一定组织形式之间的有机结合。张玉利等（2006）认为创业是具有企业家精神的个体与有价值的商业机会的结合，是创业者开创新的事业，抓住机会并最终实现新企业的生存与成长的过程。李青和朱仁宏（2010）认为，创业是创业者通过各种努力发现机会、评价机会和开发机会，从而引入新产品和服务、新组织形式、新市场、新过程和新原材料的活动过程。创业从感知机会存在开始，创业者在一定的商业环境中发现机会，并进行机会开发决策，然后通过获取资源、构建创业组织和制定与实施创业战略等活动去开发机会。

马占杰（2010）总结了众多学者的观点，认为可以从多个角度来给创业下定义①。例如，从行为的角度来看，创业是具有一定的创新性且对社会具有价值的创造新经济实体的行为；从创业者态度的角度来看，创业是个体在推动新经济实体产生过程中所持有的自立、执着、创新和冒险等价值判断和行为准则；从机会的角度来看，创业是通过发现、评估和利用机会来引入新的产品和服务、新的组织形式、新的生产方法、新的原材料或开发新市场的过程；从职业角度来看，创业是个体的工作意向逐渐向自我依赖和自我导向转变的一种重要的职业选择。

尽管学者们站在不同角度来界定创业，但总体来看，创业的内涵主要包括开创新业务、创建新组织、利用创新实现各种资源的新组合、通过发掘潜在机会创造价值等方面（张健等，2003），以及反映创业者个性特质和风险等方面的要素。这些机会、环境、创业者特质和风险等方面的内涵因素是研究者界定创业的重要考量要素。姚梅芳（2007）认为创业是创业者在发现和识别商机的

① 马占杰．国外创业意向研究前沿探析［J］．外国经济与管理，2010（4）：9-16.

基础上，通过组织各种创业资源，提供产品和服务以及创造商业价值的过程。创业过程的核心在于整合各种必要的创业资源、利用资源并创造价值。吴凌菲（2008）在研究大学生创业意向时将创业定义为个体为了创建新企业而进行的以获取利润最大化为根本目的，具一定风险性，以创新方式将各种经济要素综合起来的一种带个体性特征的经济活动。

目前，学者们对创业类型的划分都是从不同角度以及各自的研究偏好按照不同的标准进行的，并没有统一的划分标准（姚梅芳和马鸿佳，2007）。早在1939 年，熊彼特就从创新的角度提出了五种创业模式。贾特纳等（1989）综合个人、组织、环境、过程等方面，将创业分成 8 种类型。克里斯蒂安和朱利恩（Christian & Julien，2000）按照创业与市场及个人之间的联系和影响情况，将创业活动分为四种基本类型，即复制型创业、模仿型创业、安家型创业和冒险型创业。还有的学者从技术、地理以及社会学的角度，将创业分为技术驱动型创业、地理驱动型创业和社会型驱动创业（姚梅芳，2007）。最为常见的是在 GEM（2001）的研究报告中，研究者根据创业动机的不同，将创业划分为生存型创业和机会型创业两种类型。

第二节 创业动机的概念与类型

一、创业动机的概念

马克克莱兰德（McClelland，1961）首次将成就需求理论引入创业领域，认为创业动机是与人的个性紧密相连，并以对成就的高度渴求体现出来，拥有较高成就需求的个体通过创业来获得比其他工作选择更大的成就满足感。由此，马克克莱兰德（1965）进一步强调成就动机对经济发展的关键性作用，指出一个国家的经济繁荣程度和企业家活跃程度可以通过提高国民的成就动机来实现。不过，后续的研究者比尔雷和韦斯瑟德（Birley & Westhead，1994）认为，创业是一个非常复杂的过程，受到多种动机和刺激因素的共同作用。

现有文献中，多数研究者认为创业动机是驱使有创业潜能以及具备创业条件的人创业背后的内在驱动力，可以非常有效地鉴别创业者和潜在创业者（Olson & Bosserman，1984）。类似地，鲍姆等（Baum et al.，2003）也认为创业动机是创业者头脑中的一种内部驱动力，驱使着创业者追求成就。国内研究者王玉帅（2008）也认同创业动机是个体创业的心理倾向或动力，并强调创业者内心受强烈动机的驱使。少数研究者在强调动机的心理特征的同时，也考虑到创业动机的情境性。例如，段锦云等（2012）认为创业动机是在一定的环境的影响下，驱动个体将自己的创业意向付诸实际创业行动的心理倾向或动力和心理状态。

二、创业动机的类型

创业动机与个体因素密不可分，因此，海瑟尔斯等（Hessels et al.，2008）① 从个体的层面出发，将创业动机的研究总结为四种主要类型。其一，成本—收益权衡下的创业动机。即个体的创业决策基于物质的或非物质的成本和收益的权衡。其二，“推”—“拉”视角下的创业动机。机会型创业主要是基于“拉”的动机（如，独立、自由、收入、福利、挑战、认可、社会地位），追求独立自主是其中最重要的动机；生存型创业主要受“推”的动机驱使，是面临某种威胁（如，失业等）情况下的被动行为。其三，创业的深层次的心理动机，如成就需要、权力需求等。其四，创业动机的多元 logit-type 评价。在此基础上，我们将创业动机的分类研究概括为以下四个方面。

（一）内在——外在回报型创业动机

鲍莫尔（Baumol，1990）、卡普贝尔（Campbell，1992）、普拉格和克拉默（Praag & Cramer，2001）等以经济决策理论为依据，认为个体创业动机取决于创业回报，当个体所期望的创业所得高于就业的工资所得时，个体会选择创业。格里等（Gerry et al.，2005）进一步认为，创业是个体的一个认知过程，当个体觉得创办企业是可行的、能够实施的，他才会选择创业。创业动机源于创业与为别人工作之间的期望所得的差异。但是，不是每个个体都认为自己是有效能，并将创业作为获得自己所渴望的结果的途径。当期望的创业所得高于就业所得，且个体愿意承担适度的、可度量的风险时，才产生创业动机。

经济动机只是创业动机的一个成分，更多的研究者以更宽泛的视角，同时探寻创业者动机中的经济因素和非经济因素。纳弗兹格等（Naffziger et al.，1994）认为创业的产出有内在与外在之分，外在产出包括财经的或其他可见的回报，内在的产出包括成为自己的老板的满意感、自我支配自己的命运，以及

① Jolanda Hessels，Marco van Gelderen，Roy Thurik. Entrepreneurial aspirations，motivations，and their drivers［J］. Small Bus Econ，2008，31（3）：323 - 339.

获得成功后的尊重。每种产出都有相应的感知价值，每个创业者会有自己的评价标准。创业者将实际产出与期望进行比较，其结果影响创业者创业的决策。库拉特科等（Kuratko et al.，1997）提出了包括外在回报、内在回报、独立/自主、家庭保障四个维度的创业动机四结构模型。之后，罗比查德等（Robichaud et al.，2001）丰富了他们的模型，认为创业的外在回报动机包括个人财富的需求、增加个人收入、增加利润与销售额、提高生活质量；独立/自主动机包括个人自由、个人保障、自我雇佣、自主决策、成为自己的老板等方面；内在回报动机包括公众的认可、接受挑战、个人成长、社会认可、自我证明；家庭保障动机家庭成员的未来、传递家业、退休保障、享受家庭生活等方面。而在考特莱尔等（Ashley-Cotleur et al.，2009）看来，创业的外在动机包括期望的货币回报，内在动机主要表现为成为老板的个人满足感、自己命运的主宰、对企业负总责等方面。

（二）生存——机会型创业动机

吉拉德和莱维（Gilad & Levine，1986）使用“推”和“拉”理论来解释创业动机，其中，“推”的动机是指有的个体受外在消极因素（如，工作不满意、难以找到工作、工资不够高、工作安排不灵活等）的驱使而被迫创业；“拉”的动机主要指个体为追求独立、自我实现、财富以及其他期望的结果而创业。后续的创业动机的研究主要集中在独立、工作、家庭、金钱、成就/认可/挑战、点子/机会六个方面，也涉及家庭支持、为子女将来打算等方面。

基于“推”—“拉”动机理论，后续的研究者将创业机会分为生存型动机和机会型动机。GEM（2001，2002，2003，2005）认为生存型创业动机指个体在没有其他就业选择，或者对其他就业选择不满意的情境下，进行创业活动的动机；机会型创业动机是指那些为了追求一个商业机会而从事创业活动的动机。吉亚考民等（Giacomin et al.，2011a）认为失业、家庭影响和社会认可是生存型创业动机的主要表现形式，市场机会、独立和追逐利益是机会型创业动机的主要表现形式。机会型动机包括独立的意愿（自主、做自己的老板、创造自己的工作岗位反映追求）、市场机会（创造新流程、开发新产品）、追求利润（增加收入、创造更多财富）；生存型动机包括家庭影响（继承家族企业、迎合家庭期望）、社会认同（获取声誉、社会认可）、走出失业的困境。

然而，威廉姆斯等（Williams et al.，2006）在实证研究中发现，受单纯的生存型动机因素驱动的创业占13%，单纯的机会型创业动机因素驱动的创业占7%，生存型动机因素占主导同时有机会型动机因素驱动的创业占56%，机会型动机因素占主导同时有生存型动机因素驱动的创业占24%。总体看来，约有80%的创业同时包含生存型动机与机会型动机因素。威廉姆斯等（2007）在英格兰通过深度访谈，再次证实生存型和机会型创业动机存在于同一个创业者身上。国内研究者王玉帅（2008）利用深度访谈发掘创业动机，累计有55%的受访者的创业动机为“增加个人收入、保障家庭生活”；累计有45%的受访者的创业动机为“自己做老板、做职业自由的人”；累计有35%的受访者的创业动机为“追求个人发展，实现人生价值”；累计有29%的受访者的创业动机为“自身的才能得到社会的认可”；累计有29%的受访者的创业动机为“变得更加富有，成为富豪”。因此，在威廉姆斯等（2006）、吉亚考民等（2011a）、王玉帅（2008）等研究看来，生存型动机和机会型动机交织体现在创业者身上，很难清晰区分创业者的创业是出于生存型动机还是机会型动机。由此，威廉姆斯等（2006）认为将创业动机简单地划分为生存型和机会型两种类型是片面的，事实上在创业者身上能够同时找到生存型和机会型动机。只不过有的个体创业的生存型动机因素多一些而机会型动机因素少一些，另外的个体创业的生存型动机因素少一些而机会型动机因素多一些。

于是，有不少研究在认可生存型与机会型创业动机的基础上，还提出了其他的创业动机类型。索雷默西（Solymossy，1997）、张玉利和杨俊（2003）、维希乌尔等（Verheul et al.，2010）、吉亚考民等（2007）、布洛克和山德内（Block & Sandner，2009）等研究者在生存型创业动机与机会型创业动机之外，提出了混合创业动机的概念，其中，机会型创业的动机在于个人抓住现有机会的强烈愿望；生存型创业动机处于别无其他更好的选择，是一种被迫的选择；混合型创业动机介于机会型动机和生存型创业动机之间。类似地，吉亚考民等（2011a）亦认为生存型创业动机与机会型创业动机难以准确区分，如家庭影响因素同时蕴涵了生存型和机会型因素。年轻人创业既有生存型动机（如获得社会认可）又有机会型动机（如追逐利益、追求独立）；有公共部门就业经历的创业者创业动机既有生存型成分（如获得社会认可），又有机会型成分（如市场机会）；而那些退休老人创业动机可能既不是生存型的，也不是机会型的，而是嗜好型（hobby entrepreneurship）。

（三）需求层次型创业动机

国内的研究者将马斯洛的需求动机理论应用于创业动机研究，由此衍生出需求层次型创业动机。例如，顾桥等（2005）依据马斯洛的需要理论，认为个体创业动机受到两种需要的激励，即经济的需要和社会的需要。郭必裕

（2010c）认为中国大学生创业的动机主要有生存的需要、积累的需要、成就的需要和自我实现的需要等几种类型。一些家庭经济困难的大学生在沉重的经济负担之下或在找不到工作的情况下，迫于生计而创业；一部分学生为了学以致用谋求自己以后的发展，或为实现自己的某个目标做好必要的经济准备而走上创业的道路；也有些大学生想通过成功创业，证明自己的价值；还有些大学生希望通过成功创业来实现自己的理想。王玉帅（2008）认为创业动机包括生存动机、关系动机和发展动机，其中，生存动机主要指向个体追求外在报酬和谋求家庭保障等方面，关系动机主要指个体希望获得社会和公众的认可、个人保障、自我雇佣、成为自己的老板等，发展动机主要包括个人的成长、个人自由。

朱贺玲和郑若玲（2011）将大学生创业动机分为低级需求动机、中级需求动机和高级需求动机三因素结构，其中，低级需求动机包括“使个体生活有保障”“减轻家庭的经济负担”“能赚更多的钱”“使个体能够获得舒适的生活”四个方面；中级需求动机包括“喜欢做别人想不到的事”“喜欢发现别人看不到的商机”“实现自己的理想”“希望成为成功的企业家”“为了提高社会地位”五个方面；高级需求动机包括“为了国家发展”“获得成就感”“获得大家认可”“获得更多个体空间”四个方面。

（四）多要素型创业动机

另有一些研究注重创业动机多方面的内涵，利用多元素综合评判个体创业动机。阿贝（Abbey，2002）将创业动机分为追求社会地位、独立、创新、挑战、认知、机会/贡献、财经七个因子，包括开发产品或服务的想法、登上社会高层、抓住机会、继承家庭传统、扩大在社团的影响、被朋友尊敬、达到某种认知、掌握自己的时间、增加与自己相关的人的福利、增加与自己有相同背景的人的福利、提高我所居住的社区的福利、给自己及配偶和小孩安全感、找到生活的感觉、作为减少负债的手段、在新建企业问题和机遇上挑战自我、提高家庭的地位与声誉、学习自己崇敬的榜样、赚更多的钱、创新或引领技术发展、继续学习、给自己和家庭自由的生活、自由的工作、享受税收免除权十七个要素。

吉亚考民等（2011b）将大学生创业动机总结为追求利润和社会地位、渴望独立、创造、个人发展和职业不满意五个因子，包括实现自己的想法、创立属于自己的东西、个人独立、成为企业最高层、经济独立的机会、提高生活质量、创造工作岗位、管理人、获得公平的补偿、比就业挣更多的钱、对工作不满意、积累个人财富、拥有更多的自由支配时间、取得高的社会地位、难以找到合适的工作、继承家庭传统十六个要素。法托齐（2010）将大学生创业动机分为雇佣、自主、创造、宏观经济及资本四个因子，其中，雇佣因子包括提供就业岗位、保障工作安全、赚取合理的生活；自主因子包括自我满足和成长、成为自己的老板、个人自由、实现梦想；创造因子包括发挥创造天赋、挑战自我；宏观经济因子包括经济环境良好、市场机会；资本因子包括政府支持创业、个人储蓄的投资、学以致用十四个要素。高日光等（2009）建立了一个包含自我实现、追名求富、社会支持和家庭影响四个因素在内的当代大学生创业动机的心理结构研究模型。他们的研究模型包括崇拜创业偶像、羡慕当老板的权利与地位、发财致富、提高社会地位、自我挑战、锻炼提升能力、证明能力与才华、发挥专长、受亲戚朋友创业影响、亲戚朋友创业拉你入股、家人和朋友鼓励创业、家庭为创业提供帮助、受学校创业氛围影响、政府提供优惠政策、有创业基金支持、学校提供创业基金与条件十六个要素。

现有主要文献关于创业动机类型的研究成果如表 2-1 所示。

表 2-1　创业动机主要研究成果简表

创业动机类型	主要成果	主要研究者（年份）
追求内在——外在回报型创业动机	创业动机取决于创业回报，当个体所期望的创业所得高于就业的工资所得时，个体会选择创业。	Baumol（1990）；Campbell（1992）；Praag & Cramer（2001）
	创业的产出有内在与外在之分，外在产出包括财经的或其他可见的回报，内在的产出包括成为自己的老板的满意感、自我支配自己的命运，以及获得成功后的尊重。每种产出都有相应的感知价值，每个创业者会有自己的评价标准。创业者将实际产出与期望进行比较，其结果影响创业者创业的决策。	Naffziger 等（1994）；Ashley - Cotleur 等（2009）；
	当期望的创业所得高于就业所得，且个体愿意承担适度的、可度量的风险时，才产生创业动机。	Gerry 等（2005）
	创业动机包括外在回报、内在回报、独立/自主、家庭保障四个维度。	Kuratko 等（1997）；Robiehaud 等（2001）
生存——机会型创业动机	创业动机由“推”和“拉”因素引起，“推”的动机是指有的个体受外在消极因素的驱使而被迫创业；“拉”的动机主要指个体为追求独立、自我实现、财富以及其他期望的结果而创业。	Gilad 和 Levine（1986）
	生存型创业指那些由于没有其他就业选择或对其他就业选择不满意而从事的创业活动。机会型创业是指那些为了追求商机而从事创业活动。	GEM（2001，2002，2003，2005）

续表

创业动机类型	主要成果	主要研究者（年份）
生存——机会型创业动机	失业、家庭影响和社会认可是生存型创业动机的主要表现形式，市场机会、独立和追逐利益是机会型创业动机的主要表现形式。	Giacomin 等（2011a）
	创业动机包括机会驱动型、生存驱动型；也有创业者的创业行为受生存型动机和机会型动机混合驱动。	张玉利和杨俊（2003）；Verheul 等（2010）；Giacomin 等（2007）；Block 和 Sandner（2009）；Solymossy（1997）；Williams 等（2006）；王玉帅（2008）；Giacomin 等（2011a）
需求层次型创业动机	个体创业动机受到两种需要的激励，即经济的需要和社会的需要。	顾桥等（2005）
	创业的动机主要有生存的需要、积累的需要、成就的需要和自我实现的需要等几种类型。	郭必裕（2010c）
	创业动机包括生存动机、关系动机和发展动机。	王玉帅（2008）
	创业动机分为低级需求动机、中级需求动机和高级需求动机三因素。	朱贺玲和郑若玲（2011）
	创业动机包括生存需求动机、财富增长动机、追求独立动机。	Hessels 等（2008a）
多要素型创业动机	创业动机包括社会地位、机会/贡献、认知、独立、创新、挑战、财经 7 个因子 17 个要素。	Abbey（2002）
	创业动机包括追求利润和社会地位、渴望独立、创造、个人发展和职业不满意 5 个因子 16 个要素。	Giacomin 等（2011b）
	创业动机包括雇佣、自主、创造、宏观经济及资本 4 个因子 14 个要素。	Fatoki（2010）
	创业动机包括自我实现、追名求富、社会支持和家庭影响 4 因子 16 个要素。	高日光等（2009）

资料来源：本研究根据相关研究文献自行整理。

第三节　生存型创业和机会型创业的概念与内涵

创业动机作为划分创业类型的标准由来已久，但是，GEM 将创业区分为生存型创业和机会型创业在创业研究领域并没有得到研究者的一致认同，在生存型—机会型创业动机的理论认识和实证研究上一直存在分歧。奥克森菲尔德（Oxenfeldt，1943）最先提出失业或工资前景黯淡的个体会自我雇佣以谋求生存，使得以创业动机的不同来划分创业类型逐步被后续的研究者所重视。最终，以“推—拉”理论（Push - Pull Theory）来研究创业类型的思路逐渐明朗。沙皮罗和索克尔（Shapero & Sokol，1982）指出，导致创业者创办企业的因素有积极的和消极的两个方面。之后，古拉德和莱维（Gilad & Levine，1986）将驱动创业的因素区分为推动因素和拉动因素。在此基础上，阿密特和穆勒（Amit & Muller，1995）根据个体的创业动机的不同，明确地将创业区分为“推动型创业”和“拉动型创业”。GEM（2001）[①] 根据个体初始的创业动机的不同，进一步将创业活动划分为生存型创业（necessity entrepreneurship）和机会型创业（opportunity entrepreneurship）两种基本类型。

GEM（2001，2002）认为，生存型创业指那些由于没有其他就业选择或对其他就业选择不满意而从事的创业活动。机会型创业是指那些为了追求一个商业机会而从事的创业活动。GEM（2003）强调，生存型创业是一种非自愿的创业活动；机会型创业是自愿的创业活动，因为机会型创业者还有其他的选择，他们之所以创业是出于个体的某些偏好。GEM（2005）进一步指出，与生存型创业不同，机会型创业拥有一定的经济基础，在熟悉或擅长的领域里进行创业。

然而，如前所述，更多的学者认为个体的创业动机是非常复杂的，生存与机会的界限并不是泾渭分明的，“推”和“拉”的因素可能对个体同时发生作用，因而，在生存型创业和机会型创业之外还存在混合型创业。例如，张玉利和杨俊（2003）基于驱动创业者进行创业的动机的不同类型，将创业分成机会拉动型创业、贫穷推动型创业和混合型创业。与之类似，维希乌尔等（2010）、吉亚考民等（2007）、布洛克和山德内（2009）、索雷默西（1997）等研究将创业分成机会驱动型创业、生存驱动型创业和混合驱动型创业。国外实证研究还表明，在早期的转轨经济国家，即使是受过良好教育的人获得满意的、薪水较高的工作的机会也不多，此时“推”和“拉”的因素共同作用，驱动个体创业（Smallbone & Welter，2004；Aidis et al.，2006；转自 Williams et al.，2006）[②]，从而证实了混合型创业的存在。

---

① 全球创业观察 Globe Entrepreneurship Monitor，2001，即，Reynolds，S Paul D. Michael Camp，William D. Bygrave，Erkko Autio，Michael Hay. Global Entrepreneurship Monitor，2001 Executive Report，（GEM，2001）[R]. http：//www. gemconsortium. org/docs/download/255. 2001.

② Williams Colin C，John Round，Peter Rodgers. Beyond Necessity - And Opportunity - Driven Entrepreneurship：Some Case Study Evidence From UKRAINE [J]. Journal of Business and Entrepreneurship，2006，18（2）：22 - 34.

第四节　创业动机的影响因素与影响机制

早期的创业研究分别从创业者个体特质和创业环境着手，单独探讨创业动机。如，储奇尔和 Lewis（Churchill & Lewis，1986）、沙弗和斯科特（Shaver & Scott，1991）、提蒙斯（Timmons，1999）等从创业者与非创业者的不同个性特质入手，根据马克克莱兰德（McClelland，1961）的“三需求理论”（成就需求、权力需求和归属需求），试图以高的成就需求等个性特质作为个体的创业的动因，寻求个体创业的动机。但研究效果不太明显（Herron & Sapienza，1992；Shaver & Scott，1991）。后续的研究者试图从环境和境况方面寻找创业动机因素，如工作转换、过往的工作经历、获取各类资源的能力、政府的影响等外在因素（Gerry et al.，2005）。然而，单纯地从环境因素入手，探寻个体的创业动机的研究效果亦难以能令人信服（Krueger et al.，2000；Gerry，2005）。

诸多研究者认为，人的任何行为的发生都是个体和所处的环境交互作用的动态过程的结果（Mischel，1968；Shaver & Scott，1991；Gerry et al.，2005），创业者的创业行为也不例外。正如图科尔和赛库克（Turker & Selcuk，2009）所指出，尽管研究者常常将创业意向与自信、风险承担能力、成就需要、心理控制等个体特质相联系，但是，个体是生活在外部文化、社会、经济、政治和技术等制度安排下的大环境中，个体特质不可能游离于环境和人口统计特征因素之外。至于创业动机，也不可能游离于环境之外，“真空”地内在于个体之中。由此可见，尽管企业家的个性特质对动机要素结构产生直接的影响，尤其是成功所需的个性特征会对企业家的创业动机产生较大的影响（张玉利等，2006）。但是，环境因素对个体的创业动机的影响更为深刻。如弗雷多尼等（Fereidouni et al.，2010）认为个体的创业动机受到商业环境、创业者社会地位、创业的政治环境等的显著影响。个体心理特质因素，如成就需求、乐观主义、风险承担、谋求独立、社会网络、志向和人口统计特征，如教育水平、家庭创业背景等个体因素明确影响个体的创业动机；但是，外在环境因素，如商业环境（政府规制、金融可利用性）、社会—文化环境（创业者社会地位、对创新的价值观定位）、政治环境（民主）等对个体创业动机的影响更为显著。同样地，吉亚考民等（2011a）也非常强调社会—经济因素对个体创业动机的影响。

在诸多的创业环境因素中，社会保障因素对创业动机的影响也受到了部分研究者的重视。海瑟尔斯等（Hessels et al.，2008b）的研究表明，环境的敌意、宽容、活力等深刻地影响到个体的创业动机。例如，社会保障或高福利国家，个体更倾向于追求自由、独立等创业动机；而社会保障水平低或低福利国家，创业者必须通过自己的企业获取更多的利润或生存必需品，个体创业动机更倾向于生存需求或财富增长。由此，社保水平对减少生存动机创业和提高自由动机创业有积极作用。基于自由动机的创业对创新、工作岗位的创造和出口贡献大，而基于生存需求动机的创业贡献不大，由此，政府部门应该减少基于生存需求动机的创业。总体来说，社会保障水平对创业，尤其是有志向的创业有消极影响。但是，他们的实证研究却表明，社会保障水平对生存需求创业有积极影响，对财富增长需求型创业无影响，对自由动机型创业有消极影响。海瑟尔斯等（2008a）认为，疾病、失业从诸多方面影响个体在就业和创业之间做选择。完善的社会保障能够为创业不成功者提供安全网。社会保障对创业的影响是双向的，一方面，好的社会保障增加了个体创业的机会成本，从而降低个体的创业意向（Hessels et al.，2007；Wennekers et al.，2002；Parker & Robson，2004）；另一方面，完善的社会保障也降低了个体的责任感和发明创造、成长的志向，同时，也意味着创业者需要为雇员支付更多的社会保障基金，从而降低创业者雇佣更多员工发展企业的意向。社会保障越完善，创业者从事创新产品或服务、提供工作岗位以及出口的意向越低。因此，在美国、英国等社会保障不太完善的国家的创新—成长定位的企业明显多于瑞典、芬兰等社会保障完善的国家（Hessels et al.，2007）。

由于单独地从个体因素或环境因素探究创业动机问题均难以取得令人满意的效果，当前关于创业动机的影响因素，研究者更多地是从个体因素、环境因素和心理认知因素等多方面入手，综合地探询个体创业动机问题。但是，现有文献在探询创业动机影响因素的过程中，并没有对个体因素、环境因素和心理认知因素三者之间的内在关系以及三者如何共同影响创业动机的问题进行研究。而且，现有研究在实证分析时多数使用相关分析或回归分析的检验方法，从而也无法探索出创业动机各影响因素之间的内在联系。因此，个体因素、环境因素和认知因素影响创业动机/生存型与机会型创业动机的内在机制在现有的国内外研究文献中尚未得以明晰。

第五节　创业动机驱动创业行为的作用机理

创业动机是驱动个体创业的内在动力（Olson & Bosserman，1984），对个体的创业行为起决定性作用（Shane et al.，2003）。但是，创业动机如何驱动个体的创业行为？现有文献中并没有提供具体和确切的回应。不过，现有文献中也有少数研究对此问题有所触及。例如，尚恩等（2003）认为，创业动机与外部环境、创业资源、创业动机共同作用，驱使个体选择创业。她们指出，近年来人们聚焦于环境和机会，却忽视了人的能动性（动机）在创业过程中的作用。创业动机决定个体追逐创业机会、组织创业资源、承担创业任务，从而决定个体创业行为。当然，创业并不完全是个体动机的结果，也是外部环境因素，如经济地位、创业资本的可得性、竞争对手的行动、政府规制等共同作用的结果。但是，个体动机在创业过程中起关键性作用。

为了进一步阐述创业动机对创业过程的作用，尚恩等（2003）建立了创业动机和创业过程模型，详尽描述了创业动机与创业机会、创业环境、个体认知等因素共同作用于个体，从而驱动个体创业行为发生的过程。上述研究者所提出的创业动机对个体创业过程的具体作用机理如图2－1所示。

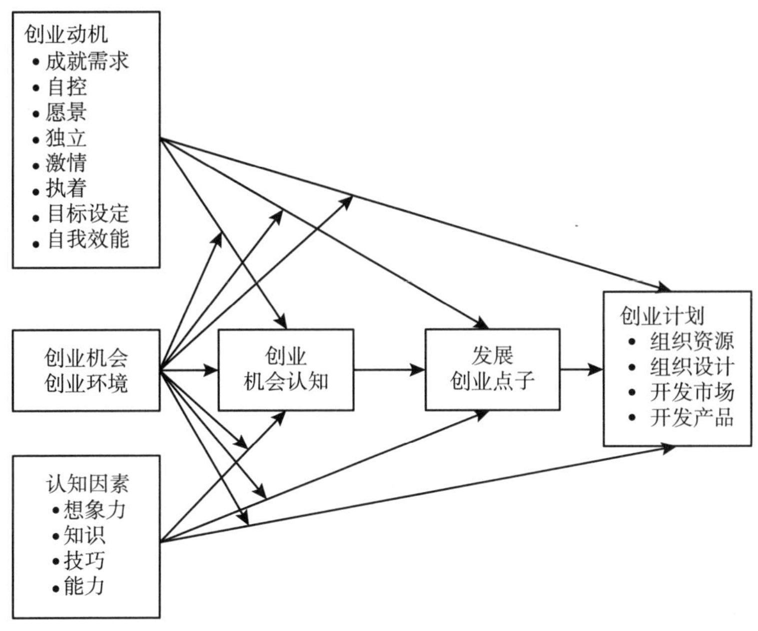

图2－1 创业动机和创业过程模型

资料来源：Scott Shane，Edwin A. Locke，Christopher J. Collins，Entrepreneurial motivation，Human Resource Management Review，2003，13（2）：257－279，274.

第六节　生存型创业向机会型创业转化的机制

一、创业动机在创业者创业过程中不断发展变化

创业动机不是一成不变的，随着时间的变化，创业者的创业动机会发生转化（Littunen，2000）。在创业初期可能是生存导向，在企业发展到一定阶段后，可能变为成长导向（何志聪，2005）。当业务成功和组织胜任力提升以后，创业者就开始追求企业得发展和个人的成长，由生存型创业者转化成为机会型创业者（Olomi，2001）。由此，顾桥等（2005）认为，在整个创业过程中，个体的创业动机往往是不停变化的，创业动机的发展在个体发展以及企业发展的影响和制约下遵循一定模式和时序。在创业初期，经济性动机是主要的创业动机，社会性动机还不太明显，甚至是模糊的。随着企业成长并盈利，创业者在基本经济需求得到满足的同时，创业经验也得到很好的积累，创业者创业动机变得复杂起来，社会性需要逐步成为驱动创业者创业的主导力量。

此外，有研究进一步认为，创业者在创业过程中存在多种动机，在不同阶段推动创业者创业的主导性动机存在差别。从发展的角度看，创业动机不再是创业初的为了生存或是抓住机会的简单推动，而是创业者在与事业的不断互动中学习与发展，能够促进企业不断发展的核心动力（秦晓利，2010）。创业动机随时间推移而发生转化，如个体出于自由的动机创业后，如果企业获得成功，创业者的下一步创业动机可能会转化为追求利润（Hessels et al.，2008）。随着时间的推移，个体创业动机会从生存型多一些向机会型多一些转化（Williams et al.，2006）。

针对创业者创业动机演化问题，吉亚考（Giacon，2010）通过案例分析，演绎出家庭环境、生存压力（失业或找不到满意工作）、成就需求、权力需要、认同需求、财政回报、企业社会责任、创新等方面的创业动机，并且认为随着创业者个人生活状况的改变，创业动机在创业过程中会发生转化，并不断地丰富和发展。该研究结果具体见表2－2。

表 2－2　　创业动机转化实例

企业家姓名	创业动机转换情况
Matteo Villa	可行性、营利性──→创新
Enrico Pagello	营利性──→财富（学术回报）
Ruggero Frezza	成就需要、权力需求、认同──→财富和企业的社会责任
Riccardo Donadon	可行性、营利性──→财政回报
Gianantonio Pozzato	可行性──→产品分化
Patrizia Bizzotto	成就需要、权力需求、认同──→财富和企业的社会责任
Andrea Bosio	财政回报──→创新

资料来源：Giacon. Inside the Nexus：Exploring Personal Motivations and Entrepreneurial Opportunities within High－Tech Emerging Ventures，Tesi di dottorato，Università degli Studi di Padova，http：//paduaresearch. cab. unipd. it/2981/1/Tesi_Dottorale_Giacon_finale. pdf，2010：152.

二、核心创业能力促进生存型创业动机向机会型创业动机转化

国内外研究者认为，在生存型创业向机会型创业转化的过程中，个体的创业能力和素质起着非常重要的推动作用。奥洛米（Olomi，2001）认为随着时间的推移，当初出于生存需要的创业行为可能转化为成长驱动型创业。在此过程中，业务成功对创业动机的演化产生十分重要的影响，当业务成功和组织胜任力提升以后，创业者就开始追求企业和个人的成长，由生存型创业者转换成为机会型创业者。类似地，梁靓（2009）也强调核心能力是机会型创业者创业动机产生的主要原因，也是机会型创业与生存型创业的显著区别。机会型创业者在创业前就发现或拥有了自己的核心能力，从而产生了创业的想法。生存型创业者在创业初期并没有蕴含商机的核心能力，直到创业后期才开始开发自己的核心能力，并逐渐向机会型创业者转型。创业初期，面对激烈的市场竞争，生存型创业者根本没有时间、精力、资本去提升企业的核心能力。创业后期，生存型创业的路径开始转向企业内部的建设与核心能力的研发。随着企业的发展，生存型与机会型创业的路径会变得越来越相似，最终都会进入内外相交替的良性循环中。

另有研究认为，在创业的过程中，人力资本水平高的个体更能够感知和开发商业机会（Davidson & Honig，2003；Shane，2000）。相比较而言，机会型创业比生存型创业具有更多的知识或更高水平的知识，而且，机会型创业者为创业做了更系统、更充分的准备，包括为之投入更多的创业家专业训练。如，通过特定的职业规划获取创业经验，在创业前参加商业计划课程等（Block & Sandner，2009）。由此，上述研究者认为与创业有关的人力资本是导致机会型

创业与生存型创业持续时间更长的原因。可见，创业人力资本（核心创业能力）是生存型创业向机会型创业转化的重要推动因素。

三、成就导向是生存型创业向机会型创业转化的内在动力

与此同时，也有研究者关注个体的内在心理需求在生存型创业向机会型创业转化过程中的作用。例如，何志聪（2005）认为，创业动机可以分为成就导向、控制导向和保障导向三个维度。成就导向是企业创造着追求企业和自身的成长，控制导向是控制自身命运或自主而创业，保障导向是为了保障家庭和自己而创业。个性特质、环境因素和组织创业能力对创业动机产生直接影响，在创业初期，可能是自我导向或生存导向，企业发展到一定阶段后可能变成成长导向。由此，成就导向成为生存型创业向机会型创业转化的内在动力。

第七节 简要评述

现有文献在创业动机研究方面取得了较为丰富的成果，为本研究提供了较为坚实的理论与实证基础。其一，现有文献对大学生创业动机测量问题做了大量的研究。根据现有文献成果，大学生创业动机大体上可以归纳为自主性动机、利益动机、自我发展动机、挑战与冒险动机、责任动机、职业不满意动机、响应环境动机和安全动机 8 个方面。如，莫伊等（2003）、米普莱弗和希克诺（Zhuplev & Shtykhno，2008）、吉亚考民（2011b）；张凯竣和雷家骕（2012）、褚等（Chu et al.，2007）、贺丹（2006）、高日光等（2009）、阿贝（Abbey，2002）、格雷等（Gray et al.，2006）等均建立或使用过创业动机测量模型来评价大学生创业动机问题。这些研究成果为本研究探寻大学生生存型创业和机会型创业动机相关问题提供了非常有益的研究视角。其二，现有研究非常强调创业动机对创业行为的决定性作用。尚恩（2003）曾经指出，创业动机决定个体追逐创业机会、组织创业资源、承担创业任务，从而决定个体的创业行为，对创业过程起关键性作用。这个观点为本研究在探讨大学生生存型创业和机会型创业行为的影响因素时，抓住创业动机这个决定创业行为的关键变量，重点探寻内外在因素对创业动机的影响进而影响创业行为以及通过生存型创业动机向机会型创业动机的转化实现生存型创业向机会型创业的转化等核心问题的解决提供了理论依据。其三，现有文献已探明创业风险和创业自我效能

感是创业行为的关键性影响变量。吉亚考民等（2011b）在探讨大学生创业动机时发现，风险大和缺乏创业竞争力是中国大学生创业的主要阻碍因素。陈等（Chen et al.，1998）研究发现，创业自我效能感是区别创业者和非创业者的确切尺度，在两种经典创业模型（SEE 模型①和 TPB 模型②）中，自我效能/感知的可行性/感知的行为控制均得到了相应的重视。这些研究成果为本研究将感知创业风险和创业自我效能感作为大学生创业动机的关键性影响变量提供了理论与实证支持。

尽管现有文献在创业动机及创业影响因素方面取得了丰富的成果，但是，尚存在以下三个方面值得进一步深入研究的问题。

一、关于创业的界定难以囊括生存型与机会型创业的本质内涵

关于创业的界定，现有文献尚未形成共识。总体看来，创业的内涵主要包括开创新业务、创建新组织、利用创新实现各种资源的新组合、通过发掘潜在机会创造价值等方面（张健等，2003）。郁义鸿等（2000）、王玉帅（2008）、张玉利等（2006）、格尔德仁等（Gelderen et al.，2008）均将创业与发掘市场机会、生产新产品、创新等联系在一起。然而，现实中有许多创业，如学者们所指的生存型创业，在生产新产品、创新、发掘市场机会等方面的特征都不明显，甚至一些生存型创业连新组织都没有建立。如缺乏创新能力的普通的自我雇佣者③。因此，上述关于创业界定的观点更适合于研究机会型创业。

本研究主要关注大学生机会型创业与生存型创业的动机等问题，同时涉及机会型创业与生存型创业，因而，使用上述观念来界定创业难以在一个研究中全面考察两种不同类型的创业。考虑到大学生创业与就业问题紧密相连，是大学生在就业和创业之间做的一个选择，更符合马占杰（2010）所转述的霍尔（Hall，2004）的观点④，从职业选择的角度来考察和界定大学生创业，认为大

① Krueger，N. F. Jr，Reilly，M. D.，Carsrud，A. L. Competing models of entrepreneurial intentions［J］. Journal of Business Venturing. 2000，15（5）：411－32，418.

② Icek Ajzen. The theory of planned behavior［J］. Organizational Behavior and Human Decision Processes，1991，50（2）：179－211，182.

③ 赖德胜（2011）认为，自我雇佣是将劳动力和服务卖给自己，这可叫自我创业。当然自我雇佣者既可能是创新能力非常强的，也可能是创新能力一般的，前者的自我雇佣可归之为机会型创业，后者的自我雇佣可归之为生存型创业。参见赖德胜．教育、劳动力市场与创新型人才的涌现［J］．教育研究，2011（9）：8－13.

④ 霍尔（Hall，2004）从职业选择的角度来界定创业，认为创业是一种重要的职业选择，是个体的工作意向逐渐向自我依赖和自我导向转变。参见马占杰．国外创业意向研究前沿探析［J］．外国经济与管理，2010（4）：9－16，9.

学生创业是转变传统就业观念，依靠自身解决就业问题并为社会创造工作岗位的活动。也即是说，与一般的社会群体相比较，大学生接受了高等教育，在就业方面具有一定的优势。因此，在研究大学生创业问题时，需要将创业问题与大学生就业问题加以联系，将创业和就业作为大学生在毕业时所面临的两种不同的职业选择。

二、关于生存型与机会型创业的本质区别判断不够明晰

在现有创业研究文献中，创业机会通常被看作生存型创业和机会型创业的最重要区别。如 GEM（2001，2002）认为，生存型创业指那些由于没有其他就业选择或对其他就业选择不满意而从事的创业活动；机会型创业是指那些为了追求一个商业机会而从事的创业活动。阿密特和穆勒（Amit & Muller, 1995）、GEM（2003）、GEM（2005）均强调机会型创业是因为个体看到商业机会而创业。但是，本研究认为创业机会并不能作为区分创业类型的本质基础，无论是机会型创业还是生存型创业均涉及创业机会问题。诚然，机会型创业者由于看到商机而创业，生存型创业者是被逼无奈而创业。但是，生存型创业者如果没有考虑到市场机会，或者明知没有市场机会却一意孤行而创业，就成为盲目的创业行为，也不可能成功，理性的经济人不会做这种决策。因此，本研究认为，将创业机会作为生存型创业与机会型创业之间的本质区别值得商榷。

卡托内和帕姆罗斯（Kautonen & Palmroos，2010）曾指出，假以时日给生存型创业者提供与其创业所从事的类似的工作的机会，他会放弃创业活动。如果该创业者仍然愿意从事自己的创业工作，那么，即使他当初创业是出于生存的需要，他的创业也不能算作真正意义上的生存型创业。由此，我们认为真正能够作为划分生存型创业和机会型创业的标准应该是看创业者是出于“自愿”还是“非自愿”。这一点在 GEM（2003）以及张玉利和杨俊（2003）的研究中均得到了重视。如张玉利和杨俊（2003）强调机会型创业是一个个体的偏好，是个体将创业作为实现自我价值、追求理想的手段；而生存型创业的动机是没有其他更好的选择，出于被迫而非个人自愿行为。与之类似，GEM（2003）亦曾强调，生存型创业是一种非自愿的创业活动；机会型创业是自愿的创业活动，机会型创业者还有其他的选择，他们之所以创业是出于个体的某些偏好。

本研究根据张玉利和杨俊（2003）、GEM（2003）的观点，结合马斯洛的

需求层次理论，认为生存型创业是个体没有更好的就业选择，为了生存的需要[①]而被迫的创业活动；机会型创业是个体在有较好的就业选择的情形下，为了追求心中既定的理想和目标，即为了发展的需要而进行的自愿的创业活动。具体到大学生，生存型创业是指大学生无法找到自己满意的工作，为了生存的需要而被迫进行的创业活动；机会型创业是指大学生为了实现自己的理想和人生目标，即使能够找到较好的工作也主动放弃，为了自身发展的需要而自觉、主动选择和进行的创业活动。

三、关于生存型与机会型创业动机差异性研究不够深入

现有创业研究文献中，姚梅芳和马鸿佳（2007）定性比较了生存型创业和机会型创业在经济增长贡献方面的差别、在创业动机上的差别、在创业壁垒和创业者特征上的差别，也分析了影响机会型创业和生存型创业的影响因素。但他们的研究并没有经过实证检验。池仁勇和梁靓（2010）通过层次分析法，探讨了生存型创业和机会型创业的行业选择问题。薛红志等（2003）也比较了两种不同类型创业者的成长愿望、产业偏好、资金来源等。威廉姆斯等（2006）、威廉姆斯等（2007）、王玉帅（2008）等虽然探讨了生存型创业动机与机会型创业动机的区别，但也只是描述性统计的结果，缺少更深入的数据分析。

国内研究者李剑力（2012）调查分析了生存型创业和机会型创业的基本差异及政策需求差异，但数据分析也限于描述性统计。高日光等（2009）构建了中国大学生创业动机模型并利用数据进行了检验，但是，他们并没有区分大学生中生存型创业动机与机会型创业动机。郭必裕（2010b）主要利用二手数据，分析了大学生机会型创业与生存型创业的现状，对于两种类型的大学生创业的差异及存在差异的原因的理论与实证分析尚未展开。

总体看来，现有国内外文献对于生存型创业和机会型创业行为的差异性缺乏更为深入的研究，对于大学生生存型创业动机与机会型创业动机之间的差异性的探寻和检验、对于大学生生存型创业行为与机会型创业行为动机的内外在影响因素的差异性以及大学生生存型创业向机会型创业转化机制等重要问题均有待于更进一步的理论与实证研究。尤其是，现有的创业动机研究的理论基础较为缺乏，难以为生存型创业与机会型创业动机的差异性分析，以及生存型创业向机会型创业的转化提供必要的理论支撑。

---

① 这里的“生存的需要”不仅仅指基本生活需求，也包括工作满意等方面。

基于以上认识，本研究在现有文献研究成果的基础上，重点开展以下几个方面的研究工作：

一是，以认知动机理论整合创业动机理论与创业认知理论，构建认知创业动机理论分析框架，为研究大学生生存型创业和机会型创业的动机的联系和区别，以及促进大学生生存型创业向机会型创业转化提供理论支撑。

二是，构建一个综合性创业动机测量模型，实证探寻大学生生存型创业和机会型创业的动机结构和组成成分。本研究根据比尔雷和韦斯瑟德（1994）、张玉利和杨俊（2003）、吉亚考民等（2007）、布洛克和山德内（2009）、索雷默西（1997）、维希乌尔等（2010）、威廉姆斯等（2006）、威廉姆斯等（2007）、王玉帅（2008）等学者的观点，认为大学生生存型创业和机会型创业均不是受单一的生存型创业动机或机会型创业动机的支配，而是受生存型创业动机成分和机会型创业动机成分交织耦合的复合创业动机的驱使。为此，我们将构建一个适合于测量大学生生存型创业和机会型创业动机的综合性创业动机评价模型。

三是，在大学生生存型创业和机会型创业的综合性测量模型的框架下，实证分析大学生生存型创业和机会型创业动机存在的差异性。本研究认同威廉姆斯等（2006）的观点，认为创业者身上能够同时找到生存型和机会型动机，只不过有的个体创业的生存型动机因素多一些而机会型动机因素少一些，另外的个体创业的生存型动机因素少一些而机会型动机因素多一些。基于此认识，本研究将提出并通过实证验证大学生生存型创业和机会型创业受生存型创业动机成分和机会型创业动机成分共同驱使的研究推断。本研究进一步推断，尽管大学生生存型创业和机会型创业动机具有同构性，但是，相比较而言，大学生生存型创业受生存型创业动机成分的驱动程度高于机会型创业受生存型创业动机成分的驱动程度；而大学生机会型创业受机会型创业动机驱动程度高于生存型创业受机会型创业动机驱动程度。

四是，构建一个包含八个潜在变量的综合性创业动机影响因素结构模型，实证探寻大学生创业动机的影响机制，以及生存型与机会型创业的大学生对大学生创业动机的影响因素的认知差异性。本研究根据文献成果，结合我国的学生的实际情况，选取自主性、自我效能感、社会保障、感知创业风险、创业教育、创业牵涉程度六个内外在因素，作为大学生创业自我实现动机和创业责任动机的关键性影响变量，并进一步检验生存型创业大学生和机会型创业大学生在上述六个大学生创业动机影响因素的认知上存在的显著性差异，为实现大学生由生存型创业向机会型创业转化提供理论与实证依据。

五是，根据理论与实证研究所掌握的大学生生存型与机会型创业动机的结构、大学生生存型与机会型创业动机的组成成分、大学生生存型与机会型创业动机的差异性，以及生存型与机会型创业在自主性、自我效能感、社会保障、感知创业风险、创业教育、创业牵涉程度等大学生创业动机关键性影响因素的认知上存在的显著的差异性，提出大学生由生存型创业向机会型创业转化的理论依据，以及大学生由生存型创业向机会型创业转化所存在的主要问题和困难、总体思路和基本对策。

第三章

理论构建与分析框架

现有创业研究还很不成熟，在研究内容、研究方法和发展方向上均未达成一致，正处于理论创建的探索阶段（张玉利等，2007）。由于缺乏一套典范的理论架构和明确的研究边界，研究者有不同的关注点，涉及心理学、社会学、经济学、管理学和人类学等多个领域（刘常勇和谢如梅，2006）。其中，心理学领域的创业研究注重描述性分析，尚未建立起完整的理论体系（段锦云等，2012）。基于心理学视角的创业动机理论与创业认知理论各自独立发展，与当今心理学领域的主流动机理论——认知动机理论[①]的研究架构与基本原理相对背离，因而，无法揭示创业动机的本质属性、形成机理以及发展与变化的内在机制。为此，有国外学者呼吁将创业动机问题纳入到创业认知理论研究的领域中去（Mitchell et al.，2007b）。但是，迄今为止国内外创业研究文献中少有两者融合的研究成果。

本研究主要探寻大学生生存型与机会型创业动机之间的区别与联系、内在影响机制以及转化机制问题，在现有的创业动机理论和创业认知理论中均难以找到相应的理论支撑和分析工具。但是，现有的认知动机理论可以为本研究提供基础性的理论支撑，创业认知理论和创业动机理论可以为认知动机理论向创业研究领域拓展提供具体的研究要素。由此，本研究以认知动机理论整合创业认知理论和创业动机理论，构建一个基于认知的创业动机理论分析框架——“认知创业动机理论分析框架”，用于揭示大学生生存型与机会型创业动机本质属性、联系与差异及其内在的影响机制和转化路径。

---

① 认知动机理论将认知理论与动机理论相结合，从个体认知自我调节的视角诠释行为动机的本质属性、形成机理、发展及变化的内在机制，成为当今主流的动机理论。具体参见张爱卿.20世纪动机心理研究概观［J］.国外社会科学，1999b（2）：9－14，11－12.

第一节 认知动机理论[①]

在认知动机理论形成之前，内在起因论和外在诱因论在动机研究领域占主导地位。其中，内在起因论以需求层次理论为代表，揭示了行为的内在起源；外在诱因论以目标设置论为代表，从外部的目标、奖罚中寻求行为的外在动力。成就动机论、自我效能论和自我决定论等认知动机理论，以个体认知自我调节为纽带，将内在起因论与外在诱因论有机结合，认为内在需要和外在诱因在个体认知调节的整合作用下共同形成行为动机（张爱卿，1999a）。纵观现有动机理论，内在起因论强调人的内在需要对动机的源泉作用，但没有关注外在环境因素对动机的诱发作用；外在诱因论强调环境因素对动机的决定作用，却忽视了个体认知的主观能动作用。认知动机理论充分揭示了个体内在需要的源泉性、外在环境的诱因性和个体认知的能动性三者的整合力量在动机形成中的系统的、全面的决定性作用。

根据认知动机理论，动机是个体在认知自我调节下，将内在需要与外在诱因整合形成的激发和维持行为的动力的过程。人与环境互动中，个体在先天心理倾向性或潜质的基础上产生各种内在要求，通过后天的学校或社会教育形成相应的内在需要。个体通过期望、自我效能感、意志和反馈等认知自我调节，将内在需要与外在诱因联系起来，对内在需要的价值及满足的可能性做出评估，确立可行的行动目标、产生内在驱力。对外在诱因进行意识、预期和接受，转化为内在激励。发动行为之后，个体将行为结果归因，形成信息反馈，影响和调节进一步的行为动机（张爱卿，1996）。可见，个体认知调节居于核心地位，是整合内、外动机要素形成和维系动机的能动性力量。

由于满足同一内在需要的方式和途径是多样性的，相应的行为目标亦存在多样性的选择，个体通过认知调节选择自己觉得可行的目标行为。在面临可能满足内在需要的多种外在目标时，个体根据自己对行为的期望、行为结果与努力程度的一致性认知、行为目标满足自身需要的程度等决定动机强度的要素的综合权衡的情况确定具体的行为目标。通常，个体感知实现行为目标的可能性越大、行为结果与努力之间一致性程度越高、目标满足需要的价值越大，选择

① 此节关于认知动机理论的概述与认识的部分内容已由本书作者以第一作者发表于《复旦教育论坛》2014 年第 6 期，主要观点被《新华文摘》2015 年第 6 期摘录。

该目标行为的动机强度就越大。[①] 可见，个体认知调节的自我选择性决定了动机的行为目标的指向性。

与其他动机理论相比，认知动机理论充分重视了个体认知在动机形成过程中的主观能动作用以及指向性和选择性的调节和整合作用，能够较好地解释动机形成的过程、动态性及发展变化，揭示动机的复杂性和不同类型动机的差异性，从而为本研究构建理论分析框架提供基础性的理论支撑。

一是，个体认知调节因素是联系内在需要和外在诱因的纽带，在动机形成过程中起着不可或缺的、具有明确指向性和选择性的整合作用。认知动机理论强调诱因是外在的，本身并不具有激励作用，只有在认知调节的作用下，被个体意识到或预期到有实际价值和意义的时候，才能转化成内在的行为动因。同样地，内在需要只是个体要求满足的状态，本身并不等同于动机（张爱卿，1996），只有通过认知调节找到满足的途径和目标，才能形成内在驱力。在动机形成过程中，个体的认知调节对内在需要和外在诱因的结合方式和途径进行能动性地选择，将各自独立存在的内在需要和外在诱因有机整合起来，形成具有明确指向性的行为动机。

二是，内在需要和外在诱因的复杂性以及认知调节的情境性，决定个体行为动机的复杂性，以及行为与动机之间关系的复杂性。人类动机是复杂的，由多种因素共同决定，即使是最基本的动机，也是多种因素以复合的方式联合作用的结果（Herbert et al.，2005[②]）。因此，个体的单一行为动机均由多种或全部的基本需要共同决定（Maslow，1943），而不是由其中的单一需要所决定。同样，外在的诱因也是多样性的，个体认知调节亦具有相应的情境性。由此，同一动机也可以产生不同的行为，同一行为受多种动机的共同驱使（张爱卿，1996）。可见，个体行为背后的动机及行为与动机之间的关系均具有复杂性。

三是，个体内在需要和外在诱因所包含的各要素对动机形成所起作用的差异性以及个体认知调节的差异性，导致不同类型个体的行为动机结构存在差异性。不同个体对各类基本需要的迫切性程度存在差异性（Maslow，1943），相应的内在需要对动机形成所起的作用也有所不同。因而，在个体行为的动机体系中，动机有主次之分，有主导动机，也有辅助动机（张爱卿，1996）。另一方面，个体的期望、自我效能感、意志和归因等认知因素调节作用存在差异

---

① Richard W. Scholl. Motivation：Expectancy Theory［EB/OL］. Schmidt，Jr. Labor Research Center，University of Rhode Island，Kingston，RI 0288，2002，http：//www. uri. edu/research/lrc/scholl/webnotes/Motivation_Expectancy. htm.

② Herbert. L. Petri JhonM. Govern. 动机心理学［M］. 郭本禹，王志琳，王金奎等译. 西安：陕西师范大学出版社，2005.

性，导致内在需要和外在诱因之间的联系结果存在相应的差异性。因此，在不同的个体认知调节作用下，相同的动机组成要素，以不同的重要性程度组合在一起，构成不同类型的动机结构体系。

四是，个体动机的形成不仅受当前面临的环境与情境的影响，也受过往的环境与经验、经历等因素的潜移默化。个体从后天的系统规范的学校学习中懂得了人生的理想和追求，从社会实践和交往学习中明确了作为社会和家庭的一员应该符合社会的要求，承担相应的社会责任和义务，进而将这些认识内化为自己的需要（张爱卿，1996），构成了个体行为动机的内在源泉。不仅如此，过往的环境和经历在个体心理同样留下深刻的印记，对个体的认知模式的形成产生相应的影响，进而塑造了个体特定的认知特征，从而在自我调节形成动机的过程中表现出来。因此，研究个体行为动机也需要充分重视其成长经历中的认知模式受过往环境的影响。

五是，随着环境和个体情境的变迁，个体的内在需要、外在的环境诱因以及个体的认知调节因素均可能发生相应的变化，导致个体动机的动态性和发展性。在动机形成和发展的过程中，个体通过期望（对满足需要的行为途径及结果的预期）认识目标的价值和意义，唤起需要和驱力；根据自我效能（对自己完成任务的能力的信念）选择和调适行为目标；利用意志（确立目标和实施行动的信念）来控制行为的发动和执行；通过反馈（自我强化和归因）来调整动机和影响后续的动机（张爱卿，1996）。在此循环往复的过程中，个体的动机呈动态发展的趋势，在不同情境下，内在需要不同、外在诱因变化以及认知调节因素的改变，皆可导致个体动机发生相应的变迁。

基于认知动机理论，本研究认为在个体与创业环境的互动过程中，个体产生相应的具有自我调节功能的创业认知，将个体内在需要与外在创业诱因有机整合起来，形成创业动机。因此，通过个体因素、创业环境因素、创业认知因素三者的互动的分析，可以探寻创业动机的形成机制、影响机制和发展变化机制。为了将认知动机理论运用于创业动机的相关研究，必须进一步将认知动机理论的“三要素”——内在需要、外在诱因与认知调节在创业研究领域具体化。关于创业的内在需要和外在诱因，在创业动机研究中已经取得较为丰富的成果；关于创业认知调节变量，在创业认知理论中已有相应的研究成果。本研究利用认知动机理论分析架构，从创业认知理论与创业动机理论中汲取相应的“三要素”，构建“认知创业动机理论分析框架”，用于大学生生存型与机会型创业动机的比较研究。

第二节　创业认知理论

在创业研究领域，围绕创业行为决策研究的三大核心问题：为什么有的人创业而其他人不创业？为什么有的人能洞察创业先机而其他人不能发现？为什么有的人创业成功而其他人不能成功？（Baron，2004），先后出现了创业特质论、环境决定论和创业认知论。特质论认为，只有那些拥有与生俱来的、独特的个性特征的人才会创业，只有那些拥有卓越个性特质的人才能创业成功。然而，非创业个体也可能表现出相同或类似的个性特质。环境决定论认为创业行为取决于个体所处的环境和拥有的资源，抹去了创业者身上的神秘特质。但仍无法解释面对同样的创业环境，有人选择创业而其他人不选择创业、有人能洞察商机而其他人不能发现商机、有人创业成功而其他人不能成功等三大问题。创业认知论既摒弃了创业特质论静态强调与生俱来的个性创业特质，又充分重视了个体在环境中的主观能动性及人与环境的互动性，对创业行为和创业过程的解释更令人信服，表现出强劲的发展势头（杨俊，2013）。

其实，创业是个体的认知过程（Gerry et al.，2005）。20 世纪 90 年代中期，出现创业认知研究（Mitchellet al.，2002），将创业者放在环境和情境中来动态考察，认为创业行为是个体和环境互动的产物（Mitchell et al.，2007b），形成了创业决策认知理论和创业认知模式理论。前者用于回答为什么有的人创业而另外的人不创业的问题，后者用于回答为什么有的人能洞察创业先机、取得创业成功等问题。其中，创业决策认知理论认为，在给定的环境中，个体对自己的创业社会联系与资源、创业承诺以及拥有的创业能力等因素认知的基础上，形成是否创业的决策（Mitchell et al.，2000）。本研究主要探寻创业动机问题，重点关注创业决策认知理论，从中寻求用于解释和分析创业动机形成和发展机制的创业认知调节因素。

从现有文献成果来看，创业认知理论主要运用计划行为理论和创业自我效能理论来解释创业决策的形成过程。计划行为理论认为，外在因素通过影响个体的行为态度、主观规范和行为控制感知来影响行为意向。个体对行为持积极的态度，感知到重要的他人对行为的支持越大，自己对行为的控制感越强，行为的倾向越大（Ajzen，1991）。克鲁格等（Krueger et al.，2000）将计划行为理论引入创业行为研究领域，结合自我效能感理论，提出个体在期望价值的基础上形成行为态度，在规范的信念基础上形成主观规范，在自我效能感基础上形成可行性感知，三者共同作用于创业意向（Krueger et al.，2000）。其中，创业自我效能感是个体对自己的行为影响创业环境及获得创业成功的信念和信心（Luthans & Ibrayeva，2006），是个体的创业意向和创业行为形成的决定性变量（Boyd et al.，1994）。

尽管创业认知理论目前仍然处于相当初级的发展阶段（Mitchell et al.，2007b），但是，仍然给予本研究三点重要的理论启示：一是，创业决策是个体的认知过程和认知自我调节的结果。社会认知是个体与他人以及环境之间交互作用的心理过程，可以揭示个体的行为由个体与环境交互作用而塑造（Mitchellet al.，2002）。正是个体在与外在的创业环境的互动中形成的创业认知调节，如感知的创业环境的优劣、创业可行性程度的高低，以及预期的创业结果的好坏、创业对自己的吸引力的大小等，作用于个体形成创业与否的决策。二是，创业自我效能感是创业决策形成最为重要的认知调节因素。除非坚信通过自己努力能够达到想要的结果，否则，个体不会从事或坚持参与困难的任务（Bandura，2001）。不是每个人都认为自己是有效能的，并将创业作为获得自己所渴望的结果的途径。只有当个体觉得创办企业是可行的、能够实施的，他才会选择创业（Gerry et al.，2005）。因此，创业自我效能感是创业行为决策发生机制中最为关键的认知调节变量。三是，创业认知是个体与环境互动的产物，在个体与环境互动中发展和变化。创业认知是在个体与环境互动中形成的（Mitchell et al.，2000），个体可以通过后天的刻意的学习、实践、与企业家接触，培养创业所需要的专家能力，构建自己的认知模式或改变自己的认知模式（Mitchell et al.，2007b）。因此，不仅要关注个体与当前环境的互动，还应溯及成长经历中的环境因素（如受教育模式与受经历）对创业认知的影响。

然而，创业认知理论更多地被运用于解释个体的创业行为意向等问题，并没有运用于创业动机研究领域。而且，创业认知理论对创业认知本身的研究还不够深入，忽视了创业认知的起源、发展及各类创业认知要素之间的关系的探索（Grégoire et al.，2011）。本研究认为在个体与创业环境的互动过程中，个体内在的因素或外在的创业环境因素的变化均可能引起各类认知因素的变化以及个体整体的创业认知水平的变迁，从而对创业动机形成产生不同的调节作用，导致创业动机的发展和演化。

第三节　认知创业动机理论分析框架[①]

现有创业动机文献成果遵循动机理论中的内在起因论与外在诱因论两条路线[②]，分别构建出创业动机的驱动理论与激励理论，其中，驱动理论认为个体受内在需要的驱使而创业，激励理论认为个体受外在的回报的诱导而创业（Fayolle et al.，2014）。早期的研究者试图以内在的个性特质来解释创业的动机。后续的研究者逐步关注促成创业动机形成的外部环境，认为创业动机是在一定的创业环境的影响下，驱动个体实际创业行动的心理倾向或动力（段锦云等，2012）。围绕驱动论与激励论，现有文献中出现了内在—外在回报型创业动机理论、生存—机会型创业动机理论、需求层次型创业动机理论和综合视角创业动机理论四种具体的创业动机理论。

根据第二章第二节所述，内在—外在回报型创业动机理论认为，驱使个体创业行为的要素包括外在的物质型回报（财物的或其他可见的回报）和内在的非物质型回报（自己当老板的满足感、自己掌握命运、对企业成功负终极责任）（Naffziger et al.，1994）；生存—机会型创业动机理论认为，个体的创业行为由生存型创业动机（由缺少工作机会/缺少满意的工作机会）推动（Reynolds et al.，2003）或者是由机会型创业动机（市场机会/商机）拉动（Ernesto Amoros & Bosma，2013）；需求层次型创业动机理论根据马斯洛的需求层次理论，发展出生存需求、财富增长、追求独立动机（Hessels et al.，2008a）、社会的需要（顾桥等，2005）、发展的需要（王玉帅，2008）、成就需要和自我实现需要（郭必裕，2010c）等多种低级、中级和高级需求动机（朱贺玲和郑若玲，2011）；综合视角创业动机理论研究侧重于从多维度构建创业动机模型，如，包括追求利润和社会地位、渴望独立、创造、个人发展和职业不满意等要素的五因子大学生创业动机模型（Giacomin et al.，2011b）；包含自我实现、追名求富、社会支持和家庭影响等要素的四因子大学生创业动机模型（高日光等，2009）。

---

① 此处“认知创业动机理论分析框架”系本研究以“认知动机理论”为基础，整合现有的“创业认知理论”和“创业动机理论”，用“认知动机理论”修正现有的“创业动机理论”，所构建出的“基于认知的创业动机理论”分析框架。

② 如前文所述，内在起因论和外在诱因论分别单独从个体内部和外在环境中寻找动机形成的原因。认知动机理论以个体认知调节整合了内在起因论与外在诱因论，将动机理论提升到新的发展阶段。而创业动机研究领域，目前依然遵循内在起因论和外在诱因论两条路径分别单独寻找创业动机的起因，与动机理论已经进化到“认知动机理论”的发展现状相对脱节。

上述四种动机理论中，只有生存—机会型创业动机理论进行了创业分类研究，将创业区分为生存型与机会型创业，并认为生存型创业只受单一的生存动机驱使，机会型创业只受单一的机会动机驱使，属于单一动机论范畴。该理论试图解释不同类型创业者的动机之间的差异性，但回避了动机之间存在的共同性。因此，难以同时在本质上揭示生存型与机会型创业动机之间的共同性与差异性。内在—外在回报型创业动机理论、需求层次型创业动机理论以及综合视角创业动机理论，均认为驱动个体创业的动机是多维度的、包含多种因素，属于复合动机论范畴。这三种动机理论没有明确指出创业的类型，也没有对不同创业者的创业动机之间做比较研究，虽然可以解释创业动机之间的共同性，却难以揭示不同类型创业者的创业动机之间的差异性。

总体看来，现有创业动机理论注重于创业动机要素的发掘和笼统意义上的创业动机的测量，对于创业动机的形成机制、创业动机的内在影响机制、不同类型的创业动机之间的联系与区别以及不同类型创业动机之间的转化的内在机制缺乏系统和深入的研究。在生存型与机会型创业的对比研究方面，现有四种创业动机理论均难以揭示上述两种不同类型创业动机的结构、两种动机之间的差异性与共同性以及影响因素和内在影响机制，也无法为上述两种不同类型创业动机之间的转化机制的研究提供理论支撑。不过，现有四种创业动机理论已经开发出丰富的创业内在需要因素和外在的创业诱因，为认知动机理论在创业动机研究领域的拓展和运用提供了具体的研究素材。

根据上文的分析，认知动机理论将个体认知调节作为动机形成的核心解释变量，能够很好地揭示行为动机的本质属性、形成机制和发展变化机制以及不同类型动机之间差异，是当今动机理论发展的新阶段。然而，在创业研究领域，创业动机理论尚未与创业认知理论相结合，处于分立发展的状态，对个体创业动机的形成、发展和演化均缺乏相应的解释力。但是，在创业认知理论和创业动机理论中，可以分别找到认知动机理论用于创业动机研究所必备的“三要素”（内在需要、外在创业诱因和创业认知调节）的具体素材。因而，以认知动机理论为基本架构，整合创业认知理论与创业动机理论，构建“认知创业动机理论分析框架”，具备相应的理论与实际基础。其中，认知动机理论中的认知调节变量“期望”在创业认知理论中可以找到“态度”和“希求性感知”两个对应变量。认知动机理论中，个体在选择满足内在需要的外在途径和目标时，不得不考虑该目标的价值和意义（张爱卿，1996）。在创业认知理论中，有“主观规范”与之相对应。认知动机理论中最为核心的认知调节变量“自我效能”，在创业认知理论中有“自我效能感”/“感知可行性”/“感知行为控制”等变量与之对应。同样，在创业动机理论中，可以找到多种创业动机要素，涵盖了诸多的内在需要和外在创业诱因要素。

因此，本研究以认知动机理论为基本分析架构，从创业认知理论中寻求创业认知调节变量，从创业动机理论中选择内在需要和外在创业诱因要素，将三者有机整合在一起，形成“认知创业动机理论分析框架”，为创业动机的形成机制、内在影响机制、不同创业动机之间的“异”与“同”及转化机制的研究提供理论支持和分析工具。本研究构建的“认知创业动机理论分析框架”包括认知创业动机理论视角下的创业动机的概念、认知创业动机理论视角下的创业动机的形成机制、认知创业动机理论视角下的创业动机的结构、认知创业动机理论视角下的创业动机的影响机制以及认知创业动机理论视角下的创业动机的转化机制五个方面的内涵。

一、认知创业动机理论视角下的创业动机的概念

基于认知动机理论，本研究认为，创业动机是个体与创业环境互动中个体认知的过程和结果，是个体在创业认知的自我调节作用下，将自身的内在需要与外在的创业诱导因素整合起来，形成激发和维持个体创业行为的动力体系。其中，创业认知因素是个体与环境互动的过程中所形成的对创业可能结果的期望、对自己创业能力的信念、对创业结果与努力程度之间的一致性评价、感知的社会或他人支持创业的程度等心理认知过程及结果。在创业动机形成过程中，最为核心的认知调节变量是创业自我效能感。内在需要是个体缺失或希望得到（张爱卿，1996）的社会心理状态，如个体的成就需要、自我实现需要、独立自主的需要、承担社会责任的需要等；外在的创业诱导因素是与创业有关的外部激励因素（如获得金钱、名利、社会地位等）或惩罚因素（如失业、经济紧张、工作不满意等）。个体之所以要选择创业是因为个体认为自己能够通过创业来实现自己的内在需要、获得外在的激励或避免相关的惩罚。在创业认知自我调节作用下，内在需要和外在诱因分别形成创业的内在驱力和内在激励，成为个体创业动机不可或缺的两个构面。

二、认知创业动机理论视角下创业动机的形成机制

与人类其他行为的动机一样，创业动机也是形成于个体与环境互动的过程中（Mitchell et al.，2000）。个体在与环境互动中，形成了相应的内在的需要

和特定的认知模式。在面临创业抉择时，个体以特定的认知模式与创业环境互动，形成相应的创业自我认知、创业环境认知和总体的创业认知调节。由创业认知（如自我效能感）自我调节内在的需要和外在创业诱因，对通过创业满足内在需要的可行性做出判断，对外在创业诱因的预期价值及期望的结果进行评估，形成相应的创业的内在驱力和内在激励。个体的内在需要和外在创业诱因均不能单独成为创业的动机，只有经过创业认知（创业自我效能感）的自我调节，内在需要找到实现的途径（通过创业来实现）而激活为内在驱力，外在创业诱因被认可和内化而转化为内在的激励，继而两种内在动力整合在一起，形成个体的创业动机。例如，成就需要强烈的个体并不必然产生创业动机，因为，获得成就感的途径有很多，创业只是其之一。如果个体的创业自我效能感高，可能产生通过创业获得成就感的动机；反之，他会选择其他的途径，如通过成为科学家、企业高管等获得成就感。同样地，获取更多的经济利益等外在诱因也不能单独成为创业动机。如果个体创业自我效能感低，就不足以产生通过创业来获取更多经济利益的动机。可见在创业认知自我调节作用下，个体内在需要和外在创业诱因分别转化为内在驱力和内在激励，共同构成创业动机。

三、认知创业动机理论视角下创业动机的结构

创业动机由个体内在需要和外在创业诱因在创业认知调节作用下整合而成，内在需要、外在创业诱因和创业认知因素的多样性，决定了创业动机结构的复杂性；不同个体的内在需要、外在的创业诱因、创业认知的调节三者之间的共同性和差异性，决定了不同类型的创业动机之间的共同性与差异性。其一，创业动机具有复杂而非单一的结构。个体的内在需要具有多样性，个体的单一行为动机均由多种或全部的基本需要共同决定（Maslow，1943）。与此同时，外在的创业诱因也是多样的，包括政治、经济、社会、文化等诸多方面的激励因素。同样地，社会认知是个体根据经历、背景、训练、环境等形成对外界的认识图式，拥有不同的职业背景、面临不同的环境，创业者形成不同的创业认知（Lee & Wong，2004）。也即是说，调节内在需要和外在诱因的创业认知因素也是复杂、多样的。因此，由内在需要、外在创业诱因、创业认知调节三者整合所形成的创业动机是复杂而非单一的结构，包含多种内在需要激活的多样化的内在驱力要素和多种外在诱因内化的多样化的内在激励要素。其二，不同个体的内在需要、所面对的外在创业诱因及创业认知调节作用三者均既存在差异性也存在共同性，决定了不同类型个体创业动机之间既存在“异”，也

存在“同”。不同的内在需要、不同的外在创业诱因及不同的创业认知调节可以形成不同结构的创业动机，而相同的内在需要、相同的外在诱因，在不同的创业认知水平的调节作用下，也可以产生不同的创业动机结构。即是说，不同的或相同的内在需要、外在创业诱因均可以构成不同类型的创业动机的结构。因此，不同类型的创业动机之间的差异并不必然在于组成创业动机要素（内在需要、外在诱因）的“截然不同”，也可以在于相同的创业动机要素以不同的方式组合而成的差异性的动机结构。

四、认知创业动机理论视角下创业动机的影响机制

创业动机是个体对创业环境、创业情境及自身的创业素养情况综合评价和认知的结果。在个体与环境互动过程中，个体内在需要、外在诱因在创业认知调节因素（包括期望、创业自我效能感等）均可影响个体的创业动机的形成、发展和变化。其中，个体内在需要、外在诱因作为创业动机的基本构面，对创业动机体系的结构及其变迁存在内源性的影响。个体因素（内在需要之外的其他方面）、环境因素和创业认知调节因素对创业动机存在外源性影响，其中，创业认知调节因素直接影响创业动机，个体因素和环境因素间接影响创业动机。自我效能感决定动机、情感与行为（Bandura，1989），是人类动力的基础，其他诱导因素与激励因素均源自于个体对自身行为的力量影响结果的核心自信心（即自我效能感）（Bandura，2001）。因此，创业认知调节因素（如创业自我效能感）直接决定和影响个体的创业动机，而个体因素和外在环境因素通过影响创业认知调节因素（如创业自我效能感）而间接地作用于创业动机。

五、认知创业动机理论视角下创业动机的转化机制

个体的创业动机是各种创业动机要素交织在一起形成的动机体系，每种动机要素在这个体系中发挥不同的作用。主导动机要素起决定性作用，次要动机要素起辅助性驱动作用。尤其是，创业动机体系不是静态的和固化的，而是一个动态的和发展变化的创业动机要素复合体。在个体与环境互动过程中，内在需要、外在诱因、创业认知及其调节作用的变化，引起各种创业动机要素在个体创业动机体系中的作用和地位的变化，从而确立了新的创业的主导动机要素和辅助动机要素，形成了新的创业动机体系，由此导致了创业动机体系由一种形态转化为另一种形态。于是，不同类型的创业动机之间实现了转化。相应

地，创业由一种类型转化为另一种类型。

本书研究基于“认知创业动机理论分析框架”，对现有创业动机文献成果进行理论剖析和理论拓展与修正，形成本研究的逻辑起点与提出相应的理论假设，运用结构方程理论与方法，探寻大学生机会型与生存型创业的动机、影响这两类创业动机的个体因素和环境因素及相应的创业认知因素，并实证检验这两类创业大学生的创业动机组成上的同构性和结构上的差异性，以及这两类创业大学生在影响创业动机的个体因素和环境因素的认知及创业认知方面的差异性。在此基础上，指出大学生创业由生存型向机会型转化的主要问题、存在的困难，并提出相应的转化目标、转化方式和对策建议。

第四章

大学生生存型和机会型创业动机同构性与差异性检验

本章在文献研究的基础上，以本研究前文所构建的“认知创业动机理论分析框架”为指导，整合现有创业动机的主要成分因素，构建出包含六个动机要素成分的大学生创业动机测量概念模型，结合专家咨询编制测量量表和调查问卷，在全国 11 所高校实施问卷调查收集数据，并使用 SPSS15.0 软件和 LISREL8.54 软件进行探索性因子分析、验证性因子分析，检验大学生创业动机测量模型的信度和效度。然后，使用 SPSS15.0 软件分别拆分出机会型创业和生存型创业问卷数据，利用 LISREL8.54 软件进行二阶因子分析，探寻六种动机要素成分分别对机会型创业和生存型创业动机构成的影响程度。最后，使用 SPSS15.0 软件对机会型创业和生存型创业问卷数据进行独立样本 T 检验，以进一步区分机会型创业和生存型创业大学生创业者受六个动机要素成分驱动的程度是否存在显著性差异。

第一节　大学生生存型与机会型创业动机的界定

如前文所述，学者们认为创业动机可以分为生存型创业动机和机会型创业动机两种类型。但是，与此同时他们强调并不能够严格地将创业动机区分为生存型和机会型，创业者的创业动机往往是混合的，受到“推”和“拉”的因素共同作用。因此，创业动机应该包括机会驱动型、生存驱动型和混合驱动型。其中，机会型创业的动机在于个人抓住现有机会的强烈愿望；生存型创业动机是个体出于别无其他更好的选择；混合型创业动机介于机会型和生存型之间（Verheul et al.，2010；Giacomin et al.，2007；Block & Sandner，2009；

Solymossy，1997；张玉利，2003）。郭必裕（2010a）在研究大学生生存型与机会型创业动机问题时指出："大学生在就业与创业的选择中，充分发挥自身优势，利用资源和环境条件，捕捉、识别、筛选并抓住市场机会，作为事业的选择，主动自愿地从事创业活动，即为机会型创业。反之，如果没有找到合适的工作，为了生存的需要而从事的创业活动，即为生存型创业"。①

本研究基于所构建的"认知创业动机理论分析框架"认为，创业动机是个体与创业环境互动中个体认知的过程和结果，是个体在创业认知的自我调节作用下，将自身的内在需要与外在的创业诱导因素整合起来，形成激发和维持个体创业行为的动力体系。进一步，根据张玉利和杨俊（2003）、GEM（2003）、郭必裕（2010a）的观点，结合马斯洛的需求层次理论，本研究认为生存型创业是个体没有更好的就业选择，为了生存的需要而被迫的创业活动；机会型创业是个体在有较好的就业选择的情形下，为了追求心中既定的理想和目标，即为了发展的需要而进行的自愿的创业活动。但是，两种类型的创业的心理动机是复杂的、多维度的，是生存因素和发展因素共同作用的结果，只不过两种类型的动机因素所占的驱动地位存在差异。大学生生存型创业的主导动机是指大学生无法找到自己满意的工作，为了生存的需要而被迫进行创业的心理驱动力；大学生机会型创业的主导动机是指大学生为了实现自己的理想和人生目标，即使能够找到较好的工作也主动放弃就业而选择创业，即为了自身发展的需要而自愿、自觉进行创业的心理驱动力。

第二节　大学生生存型与机会型创业动机的区分及内在结构

生存型与机会型创业动机的区分源自"推—拉"创业理论②，由 GEM 于 2001 年全球创业报告中正式提出，在自 1999 年至今 16 年的 GEM 全球创业报告中持续得以运用和发展。国内外大多数创业分类研究的理论基础、方法和数据均源自于或借鉴 GEM 历年的研究报告。同样地，国内的大学生创业研究者基于 GEM 的理论提出，我国大学生创业也分为生存型与机会型创业两种类型，并利用二手数据进行了描述性分析。其中，大学生机会型创业的动机是发挥自

---

① 郭必裕．大学生机会型创业的比较优势［J］．黑龙江高教研究，2010a（11）：92－94，92.

② "推—拉"理论具体情况见 Gilad，B.，P. Levine. A behavioral model of entrepreneurial supply［J］. Journal of Small Business Management，1986，24（4）：45－53，52.

身的优势，抓住市场机会；大学生生存型创业的动机是没有找到合适的工作，为了生存型的需要（郭必裕，2010a）。但是，现有国内外文献并没有对大学生生存型与机会型创业动机的结构及其联系与区别等相关问题做进一步的深入研究。

一、大学生生存型与机会型创业动机的区分

在“推—拉”创业理论领域，驱动个体创业的因素分为“推”和“拉”两类，其中，“推”包括失业、工资收入减少及消极的就业经历等因素，“拉”主要是市场机会及预期的经济扩张等因素（Gilad & Levine，1986）。但是，在创业者究竟是受“推”还是“拉”的因素驱动的问题上，“推—拉”理论并未形成一致的认识。存在单一动机论、复合动机论和混合动机论三种不同的观点，在不同类型创业者动机“同”与“异”的问题上各执一端，陷入理论上的困境，均无法合理解释生存型与机会型创业动机之间存在的差异性与共同性。

（一）单一动机论

该论根据创业者的初始动机是受“推”或“拉”的因素驱使，将创业者区分为“推”动型或“拉”动型创业者（Amit & Muller，1995）。基于此，GEM 将创业进一步区分为生存型与机会型两种类型，分别由生存型动机（“推”的因素）与机会型动机（“拉”的因素）单独驱动①。其中，生存型动机指缺乏更好的工作选择，机会型动机指追求商业机会为了个人兴趣（Reynolds et al.，2001），两种动机之间泾渭分明。为此，GEM 的观点又被称为“二分法”② 理论。GEM 试图明确区分生存型与机会型创业的动机，但过于强调两种动机之间的“截然不同”，回避了两种动机背后存在的共同性。因而，既无法解释两者之间的“同”，也难以从本质上揭示两者之间的“异”。

---

① 尽管 GEM 也承认，少数创业者难以区分他们是受生存型还是机会型动机驱使，因为他们可能受两种动机共同驱使。但是，GEM 仍坚持认为绝大多数创业者均可以被明确地区分为生存型和机会型创业者两种类型。Minniti，Maria，William D. Bygrave，Erkko Autio. Global Entrepreneurship Monitor，2005 Executive Report ［R］. Babson College and London Business School，2005：21.

② GEM 认为个体要么受生存型创业动机驱动，成为生存型创业者；要么受机会型创业动机驱动，成为机会型创业者。由此，有研究将 GEM 的动机区分理论称为“二分法”。详见肖建忠，付宏，胡家勇. 转型经济条件下的创业精神——“机会拉动”与“贫穷推动”解释的扩展研究［J］. 经济理论与经济管理，2005（11）：45－51；或见 Colin C. Williams，John Round. Evaluating informal entrepreneurs'motives：evidence from Moscow ［J］. International Journal of Entrepreneurial Behaviour & Research，2009，15（1）：94－107.

（二）复合动机论

该论点认为 GEM“二分法”存在理论缺陷，强调创业并非仅仅是机会拉动或贫穷推动，而是一系列动机驱动的结果（肖建忠等，2005）。生存型动机和机会型动机交织体现在创业者身上（Williams et al.，2006），很难清晰区分其创业是出于生存型还是机会型动机（Giacomin et al.，2011a）。因而，简单的“二分法”不可取（Williams & Round，2009），创业者并非受单一动机驱动，而是受“推”和“拉”动机共同驱动（Kirkwood，2009）。同时，复合动机论也强调有的创业者生存型创业动机多些，有的创业者机会型创业动机多些（Williams et al.，2006），试图解释不同创业者动机之间的差异。然而，两类动机在不同创业者身上交织出现以及表现出“多”与“少”的内在原因是什么？如何探寻他们身上两类动机的“多”与“少”？尤其是复合动机论并没有研究不同创业者动机本身的组成与结构。因而，也无法从本质上揭示生存型与机会型创业动机之间的“同”与“异”。

（三）混合动机论

少数学者采取折衷的思想，认为在生存型动机驱动生存型创业和机会型动机驱动机会型创业之外，还存在受第三种类型的动机——生存型与机会型动机兼而有之的混合型动机驱动的混合型创业（张玉利和杨俊，2003；Ingrid et al.，2010），提出了“三分法”的混合动机论。该观点试图以“三分法”弥补“二分法”的理论缺陷，但仍然认同“生存型创业受生存型动机驱使，机会型创业受机会型动机驱使”的单一动机论。而且，混合动机论也没有对生存型、机会型和混合型创业动机之间的“同”与“异”展开进一步的研究。因而，混合动机论只是对“二分法”和复合动机论的简单折衷，并没有从理论上超越他们。

在上述三种论点中，GEM 的“二分法”理论被广泛运用于生存型与机会型创业分类研究领域，但其存在的理论缺陷也饱受批评。复合动机论与混合动机论试图修正“二分法”理论，却没有提出新的理论分析框架，在本质上与前文所述的内在—外在回报型创业动机理论、需求层次型创业动机理论、综合型创业动机理论一样，无法应用于生存型与机会型创业动机的对比研究。对于“二分法”的理论缺陷，研究者虽然提出了明确的批评，也提供了实际调查的证据，但是，并没有给出理论上的剖析与修正。此外，上述三种论点对生存型与机会型创业动机本身的组成和结构均没有做深入研究。

本研究认为“二分法”在理论上有三个方面的不足。首先，同一种行为受多种不同动机的驱使（张爱卿，1996），创业行为也受到多种动机和刺激因素的共同作用（Nick & Colin，2014）。因此，GEM 的“二分法”将生存型与机会型创业分别归结为单一的生存型动机和单一的机会型动机驱动，并不符合认知动机理论的基本原则。其次，个体的内在需要具有多样性，个体的单一行为动机均由多种或全部的基本需要共同决定（Maslow，1943）。生存型与机会型创业者均存在多样性的内在需要，而且均面临复杂多样性的外在创业诱因。因而，两种创业者的创业动机均由多样性的内在需要和外在诱因整合而成，均具有复杂的内在结构。GEM 的“二分法”将生存型与机会型创业的动机分别简单归结为“缺乏工作机会”和“抓住市场机会”，反映的其实只是这两类创业行为动机结构的局部而非全貌。最后，相同的动机可以产生不同的行为（张爱卿，1996），不同的行为可以由相同的动机驱动。因此，生存型与机会型创业行为的动机之间并不必然要求如“二分法”所坚持的那样“截然不同”，两种创业行为可以包含相同的动机组成要素。由此判断，复合动机论坚持的“推”和“拉”动机要素共同驱动个体创业（Kirkwood，2009）的论断更符合认知动机理论的基本原则。但是，如上文所述，复合动机论同样无法同时揭示生存型与机会型创业的动机之间的共同性与差异性。

基于“认知创业动机理论分析框架”，本研究对“二分法”理论及复合动机理论进行整合并做以下修正。①生存型与机会型创业动机在组成要素上存在共同性。生存型创业是个体在负面环境下，尝试改变工作不满意境况，或向社会证明自己能够通过自身努力或克服困境获得成功（Gray et al.，2006），是个体在逆境中证明自我价值（Gilad & Levine，1986）的创业行为。可见生存型创业者也具有“获得社会认可”“实现自我价值”等属于机会型动机范畴的内在需要。另一方面，机会型创业在面对市场机会去创业时，同样需要基本的生存保障（雷家骕和陈闯，2007）和维持公司日常运营的生存型需要。因此，生存型与机会型创业者的内在需要存在共同性。而且，在特定区域内的生存型与机会型创业者所面临的外在创业诱因赖以存在的宏观政策、经济、社会、技术、市场、竞争等外在的创业环境存在共同性。可见生存型与机会型创业在动机组成要素（内在需要和外在创业诱因）上存在共同性。②生存型创业与机会型创业动机在内在结构上存在差异性。在动机形成过程中，不同个体对各类内在需要的迫切性程度存在差异（Maslow，1943），相应地，各类内在需要在创业动机的形成过程中所起的作用不同。同样，认知水平的个体差异（如有的个体创业自我效能感高于其他个体）导致相同的外在创业诱因在不同个体的内心产生不同的反应，对创业动机形成不同的外在诱导力量和差异性的认知调节作用。因此，组成创业动机的每种成分的水平有高低之分（何志聪，2006），对创业动机结构的贡献程度有所不同。即相同的动机要素以不同的结构系数组合在一起，形成了差异性结构的创业动机体系。因此，生存型与机会型创业动机的差异并不在于两者的动机组成要素之间，如 GEM 所强调的那样“截然不同”，而在于两者之间的结构性差异。个体的内在需要、外在创业环境诱因以及创业认知调节因素等方面存在的共同性与差异性，决定了生存型与机会型创业动机在组成要素上存在共同性，在内在结构上存在差异性。由此，本研究提出以下推断[①]：一方面，大学生生存型与机会型创业动机在组成要素上存在共同性；另一方面，大学生生存型创业与机会型创业动机在内在结构上存在差异性。

二、大学生生存型与机会型创业动机的内在结构

在“推—拉”理论领域，研究者已经探索出丰富的“推”和“拉”的创业动机因素。其中，“推”的动机包括失业、工资收入减少及消极的就业经历（Gilad & Levine，1986）、家庭责任（Kirkwood，2009）、急需钱、失学（Gray et al.，2006）等因素，“拉”的动机包括市场机会及预期的经济扩张（Gilad & Levine，1986）、家族企业、专业领域、过往工作经历、他人成功的示范、伙伴帮助或朋友的建议、购买企业的机会（Gray et al.，2006）、独立自主、财富、生活方式、挑战或成就（Kirkwood，2009）等因素。但是，限于单一动机论、复合动机论和混合动机论的理论分歧，现有文献并没有利用这些“推”和“拉”的因素构建量表来测量生存与机会型创业动机的组成和结构以及比较两者之间的“同”与“异”，而是偏重于从创业者身上寻求其创业是受单一的生存型动机/机会型动机驱动还是受两类动机共同驱动的证据。

“二分法”在研究方法上与其理论本身一样存在局限性，通常将动机之间设定为相互排斥的，受访者只能选择其中之一（Hessels et al.，2008b）。GEM 在实际调查中以“您创业是为了抓住商机”还是“没有其他更好的工作选择”（Minniti et al.，2005）两个指标来区分机会型与生存型创业动机。但是，对于机会型动机仅列举了独立、增加和保持收入两个要素（Minniti et al.，2005），对于生存型动机没有细分要素。即并没有进一步细化和测量“抓住商机”和“没有其他更好的工作选择”创业背后的具体的动机组成要素和动机结构。相

---

① 此推断相关论文已由本书作者以第一作者发表于《复旦教育论坛》2014 年第 6 期，主要观点被《新华文摘》2015 年第 6 期摘录。

应地，研究数据主要用于描述创业者是受生存型还是机会型动机驱动，以及两种类型创业者各占的百分比，无法用于创业动机本身的探寻。后续研究者虽然用多维度指标来度量生存型与机会型创业动机，如孙红霞、郭霜飞和陈浩义用“为了发财致富”“保障生活”“舒适家人”“赚取养老金”四个项目测量生存型创业动机，用“挑战自我成就事业”“实现自我价值”“证明自己的能力”“对创业的欲望或兴趣”四个项目测量机会型创业动机（孙红霞等，2013），但并没有检验上述两个测量模型的效度和拟合优度。从中，无法判断量表的科学性。而且，他们构建的生存型与机会型多维量表的动机要素之间遵循 GEM“截然不同”的区分原则，因而，无法解释两种创业动机之间的共同性。

复合动机论虽然综合使用上述多种“推”和“拉”动机因素来调查创业者，如威廉姆斯和朗德（Williams & Round）使用了赚更多的钱生活/生存、取得额外的收入、想拥有自己的企业、填补市场空缺、独立自主等生存与机会型因素交织的问卷来探寻创业者动机（Williams & Round，2009）。但是，这类研究的目的在于证明创业者的创业动机既包含“推”的因素，也包含“拉”的因素，以及掌握“推”和“拉”的因素在创业者身上所占的比例。因此，数据分析也仅限于百分数统计，并没有测量创业者的动机本身的组成及结构。混合动机论虽然设计了“利用商业机会”“没有其他更好的工作选择”“两者兼而有之”三个测量题项来分别识别机会型创业、生存型创业和混合型创业（张玉利和杨俊，2003）。但同样没有涉及三种创业动机自身的组成要素和结构的研究。现有文献中的内在—外在回报型创业动机理论、需求层次型创业动机理论和综合视角创业动机理论虽然开发出多种、多维度的综合性测量创业动机组成与结构的量表，并通过了规范的实证检验，但并没有指明测量的是生存型还是机会型创业动机。因而，无法揭示不同创业者的创业动机之间的差异性。

可见现有动机文献中，尚没有同时揭示生存型与机会型创业动机共同性与差异性的理论与实证研究。如上文所述，本研究基于“认知创业动机理论分析框架”，通过理论推断生存型与机会型创业动机在组成要素上存在同构性，在内在结构上存在差异性。因此，我们参考涵盖了“推”和“拉”两个方面的大学生创业动机的综合性量表，如五维度（包含追求利润和社会地位、渴望独立、创造、个人发展和职业不满意等维度）大学生创业动机量表（Giacomin et al.，2011b），构建一个由相同的动机要素组成的大学生生存/机会型创业动机量表，实证测量生存型与机会型创业大学生的创业动机，并通过信度、效度、探索性因子分析和验证性因子分析，检验两类大学生的创业动机在组成要素上同构性的研究假设。同时，利用独立样本 T 检验，分析大学生生存型与机会型创业分类样本数据，以验证生存型与机会型创业大学生在创业动机结构上存在的差异性。

第三节　大学生生存型与机会型创业动机量表开发

现有文献中，关于创业动机的量表种类繁多，即使是针对大学生创业动机测量的量表也没有形成一致的认识。库拉特科等（Kuratko et al.，1997）将创业动机分为外部报酬、独立/自主、内部报酬、家庭保障四个维度，分别用获得个人财富、增加个人收入、增加收入机会；人身自由、个人保障、自我雇佣、是自己的老板、控制自己的职业命运；得到公众的认可、迎接挑战、享受兴奋、个人成长、证明自己的能力；家庭成员将来的保障、建立一个可以传承下去的企业十六个题项进行测量。之后，中外众多的学者根据不同的情境和测量对象改进和发展出侧重点不同的创业动机量表。如，莫伊等（2003）、朱普莱弗和希克诺（2008）、吉亚考民等（2011b）、张凯竣和雷家骕（2012）、褚等（2007）、贺丹（2006）、高日光等（2009）、阿贝（2002）、格雷等（2006）等均建立或使用过创业动机测量量表。通过对现有关于创业动机的测量量表进行归纳，我们发现创业动机测量量表的结构大体上包括自主性动机、利益动机、自我发展动机、挑战与冒险动机、责任动机、职业不满意动机、响应环境动机和安全动机八个方面。

高日光等（2009）构建了包含自我实现、追名求富、社会支持和家庭影响等在内的四因素模型，使用“崇拜创业偶像”“羡慕当老板的权利与地位”“为了发财致富”“提高自身社会地位”“想自我挑战”“锻炼提升能力”“证明自己的能力与才华”“发挥自己的专长”“受亲戚朋友创业影响”“亲戚朋友创业拉你入股”“家人朋友鼓励创业”“家庭能为创业提供帮助”“受学校良好创业氛围影响”“政府提供优惠政策”“有创业基金支持”“学校提供创业基金与条件”十六个题项进行测量。

郭必裕（2010c）认为中国大学生创业的动机主要有生存的需要、积累的需要、成就的需要和自我实现的需要等几种类型。一些家庭经济困难的大学生在沉重的经济负担之下或在找不到工作的情况下，迫于生计而创业；一部分学生为了学以致用，谋求自己以后的发展，或为实现自己的某个目标做好必要的经济准备而走上创业的道路；也有些大学生想通过成功创业，证明自己的价值；还有些大学生希望通过成功创业来实现自己的理想。朱贺玲和郑若玲

（2011）将大学生创业动机分为低级需求动机、中级需求动机和高级需求动机三因素结构，其中，低级需求动机包括“使个体生活有保障”“减轻家庭的经济负担”“能赚更多的钱”“使个体能够获得舒适的生活”四个方面；中级需求动机包括“喜欢做别人想不到的事”“喜欢发现别人看不到的商机”“实现自己的理想”“希望成为成功的企业家”“为了提高社会地位”五个方面；高级需求动机包括“为了国家发展”“获得成就感”“获得大家认可”“获得更多个体空间”四个方面。

吉亚考民等（2011b）将大学生创业动机总结为追求利润和社会地位、渴望独立、创造、个人发展和职业不满意五个因子，用“实现自己的创业构想”“创建属于自己的企业”“个性独立”“成为企业最高领导者”“经济上独立自主的机会”“提高生活质量”“创造工作岗位”“管理人”“获得公平的补偿”“比就业挣更多的钱”“对工作不满意”“积累个人财富”“拥有更多的自由支配时间”“取得高的社会地位”“难以找到合适的工作”“继承家庭传统”十六个题项进行测量。法托齐（2010）将大学生创业动机分为雇佣、自主、创造、宏观经济及资本四个因子，使用十四个题项进行测量。因子分析结果显示，雇佣因子包括提供就业岗位、保障工作安全、赚取合理的生活；自主因子包括自我满足和成长、成为自己的老板、个人自由、实现梦想；创造因子包括发挥创造天赋、挑战自我；宏观经济因子包括经济环境良好、市场机会；资本因子包括政府支持创业、个人储蓄的投资、学以致用等。

综上所述，研究者根据自己的偏好或者研究目的，自行开发或者在文献中选择了相应的测量题项构建了不同的量表。为了克服构建大学生创业动机测量量表时题项选择的主观性和随意性，本研究在全面归纳和总结现有创业动机量表和测量题项的基础上，采取专家咨询法选择测量题项，构建大学生创业动机量表。为此，本研究从相关高校和企业选择了 12 名从事创业相关研究、实践或管理工作 5 年以上的专家，进行了两轮背靠背的意见征询和修改完善，历时三周时间，以确定研究量表。本研究专家咨询所使用的调查表见附录二之附表 2－1、附表 2－2 和附表 2－3。

在接受咨询的专家中，来自高校从事就业创业研究和实践工作的 10 名，占 83.3%；企业界有创业经历或熟悉创业的 2 名，占 16.7%。本科学历 2 人，占 16.7%；研究生学历 4 人，占 33.3%；博士学历 6 人，占 50.0%；高级职称 3 人，副高级职称 5 人，中级职称 2 人，无职称 2 人；男性 10 人，女性 2 人。两轮咨询均受到 12 位专家的积极反馈，响应率均达到 100%，专家的判断依据系数的均值为 0.883，专家的熟悉程度系数的均值为 0.917，专家的权威系数为0.90，均达到较高的水准①。

在进行专家咨询之前，本研究对国内外主要涉及创业动机测量的文献进行归纳和总结，最终形成八个维度、六十五个题项的创业动机测量维度和题项汇总表，具体见表4－1。

表4－1　　创业动机测量题项汇总

维度/题项	来源
自主性动机（A）	
A1 个人独立和自由	Moy等(2003)；Zhuplev和Shtykhno（2008）；Giacomin等(2011b)；张凯竣和雷家骕（2012）
A2 经济独立的机会	Giacomin等(2011b)
A3 成为自己的老板	Moy等(2003)；Chu等(2007)；Zhuplev和Shtykhno（2008）
A4 成为企业的主宰	Giacomin等(2011b)
A5 自我雇佣	Moy等(2003)；Chu等(2007)
A6 掌握自己的命运	Moy等(2003)
A7 领导别人而不是被领导	Zhuplev和Shtykhno（2008）
A8 掌握自己的时间和工作	Zhuplev和Shtykhno（2008）
A9 和自己喜欢的人共事	Zhuplev和Shtykhno（2008）
A10 在自己喜欢的地方工作	Zhuplev和Shtykhno（2008）
利益动机（B）	
B1 增加自己的收入	Moy等(2003)；Chu等(2007) Zhuplev & Shtykhno（2008）
B2 积累财富	Moy等(2003)；Zhuplev和Shtykhno（2008）；Giacomin等(2011b)；高日光等（2009）
B3 获取生存所需的资金	Zhuplev & Shtykhno（2008）
B4 比就业挣更多的钱	Giacomin等(2011b)
B5 享受税收减免	Abbey（2002）
B6 急需钱	Gray等(2006)
自我发展动机（C）	
C1 发挥我的经验和专长	Gray等(2006)；Chu等(2007)；高日光等（2009）
C2 锻炼提升自己的能力	高日光等（2009）
C3 证明自己的能力与才华	高日光等（2009）.；Moy等(2003)；Chu等(2007)

① 陈英耀，倪明，胡献之等．公立医疗机构公益性评价指标筛选——基于德尔菲专家咨询法［J］．中国卫生政策研究，2012，5（1）：6－10.7.

续表

维度/题项	来源
C4 提高生活质量	Giacomin 等(2011b)
C5 有更多的自由时间	Giacomin 等(2011b)
C6 检验自己的创意	张凯竣和雷家骕（2012）
C7 实现自己的想法	Giacomin 等(2011b)
C8 获得个人成长	Moy 等(2003)；Chu 等(2007)；Zhuplev 和 Shtykhno（2008）
C9 获得高的社会地位	Giacomin 等(2011b)；张凯竣和雷家骕（2012）
C10 获得公众和社会认可	Moy 等(2003)；Chu 等(2007)；张凯竣和雷家骕（2012）
C11 扩大自己在社团的影响	Abbey（2002）
C12 受朋友尊重	Abbey（2002）
C13 提高家庭的地位和声誉	Abbey（2002）
挑战与冒险动机（D）	
D1 自我创造	Giacomin 等(2011b)
D2 挑战自我	Moy 等(2003)；Chu 等(2007)；Zhuplev 和 Shtykhno（2008）；高日光等（2009）；张凯竣和雷家骕（2012）
D3 享受刺激	Moy 等(2003)
D4 尝试新产品或创意	Moy 等(2003)；Zhuplev 和 Shtykhno（2008）
D5 工作中的变化和冒险	Zhuplev 和 Shtykhno（2008）
D6 科技创新	Abbey（2002）
责任动机（E）	
E1 为社会创造价值	Bhat 和 McCline（2005）①
E2 为社会创造财富	
E3 增加自己有关的人的福利	Abbey（2002）；Zhuplev 和 Shtykhno（2008）
E4 增加相同背景的人的福利	Abbey（2002）
E5 增加我所在社区的福利	Abbey（2002）；Zhuplev 和 Shtykhno（2008）
E6 为社会发展做出贡献	张凯竣和雷家骕（2012）
E7 为国家发展做出贡献	张凯竣和雷家骕（2012）
E8 为自己创造工作岗位	Chu 等(2007)
E9 为家人创造工作岗位	Chu 等(2007)
E10 为社会创造工作岗位	Giacomin 等(2011b)
E11 继承家族传统	Moy 等(2003)；Zhuplev 和 Shtykhno（2008）；Giacomin 等(2011b)
E12 创办可以传承的家业	Moy 等(2003)；Chu 等(2007)
职业不满意动机（F）	
F1 获得合理回报	Giacomin 等(2011b)
F2 工作不满意	Giacomin 等(2011b)；Gray 等(2006)
F3 找不到合适的工作	Chu 等(2007)；Giacomin 等(2011b)

① Bhat Subodh & McCline Richard. What motivates an entrepreneur?［OL］.［2005－04－19］. http：//www. rediff. com/money/2005/apr/19spec. htm.

续表

维度/题项	来源
F4 工作前景堪忧	Gray 等(2006)
F5 失业	Gray 等(2006)
F6 朋友支持	Gray 等(2006)
环境响应动机（G）	
G1 受亲戚朋友创业影响	高日光等（2009）
G2 亲戚朋友创业拉你入股	高日光等（2009）
G3 家人朋友鼓励创业	高日光等（2009）
G4 家庭能为创业提供帮助	高日光等（2009）
G5 受学校良好创业氛围影响	高日光等（2009）
G6 政府和学校提供优惠政策	高日光等（2009）
G7 有创业基金支持	高日光等（2009）
G8 别人成功的示范	Abbey（2002）；Gray 等(2006)
安全动机（H）	
H1 持续的工作安全感	Chu 等(2007)
H2 给自己和家人提供保障	Abbey（2002）；Chu 等(2007)
H3 保障家人的未来	Moy 等(2003)
H4 保障自己的安全	Moy 等(2003)

资料来源：作者根据相关资料整理。

第一轮专家咨询。项目组将创业动机测量维度和题项汇总表（见表 4－1）编制成大学生创业动机测量题项纳入率专家调查表（见附表 2－2），送达每位专家。要求每位专家根据自己的真实看法，判断和选择可以初步纳入大学生创业动机测量量表的测量题项。

经过第一轮专家咨询，A1、A2、A3、A4、A6；B1、B2、B3、B4、B5；C1、C3、C9、C10、C12、C13；D2；E3、E6、E7、E8、E10；F1、F2、F3、F4、F5；G1、G5、G6、G7、G8 和 H2 等 33 个题项纳入率[①]在 75%～100%之间，表明专家对上述指标用于测量大学生创业动机的意见一致性程度较高；专家对 A8 和 E9 两个题项纳入意见也比较一致，纳入率为 66.67%；上述 35 个题项可以进入第二轮专家咨询。其余 30 个题项纳入率在 8.33%～50.00%之间，表明专家对这些题项用于测量大学生创业动机意见一致性程度较低，可以酌情删除。各测量题项纳入率具体情况如表 4－2 所示。

① 题项纳入率是认为该题项可以用于测量大学生创业动机的专家人数占参与咨询的专家总人数的百分比。

表 4-2　　第一轮专家咨询各题项纳入率　　单位：%

代码	纳入率	代码	纳入率	代码	纳入率	代码	纳入率	代码	纳入率
A1	75.00	B4	91.67	C11	33.33	E5	25.00	F6	8.33
A2	83.33	B5	91.67	C12	75.00	E6	91.67	G1	75.00
A3	75.00	B6	16.67	C13	91.67	E7	83.33	G2	25.00
A4	91.67	C1	75.00	D1	41.67	E8	100.00	G3	33.33
A5	8.33	C2	25.00	D2	83.33	E9	66.67	G4	16.67
A6	75.00	C3	100.00	D3	16.67	E10	75.00	G5	75.00
A7	33.33	C4	33.33	D4	25.00	E11	8.33	G6	83.33
A8	66.67	C5	25.00	D5	33.33	E12	25.00	G7	91.67
A9	41.67	C6	33.33	D6	41.67	F1	75.00	G8	100.00
A10	33.33	C7	16.67	E1	50.00	F2	100.00	H1	25.00
B1	75.00	C8	25.00	E2	50.00	F3	83.33	H2	75.00
B2	83.33	C9	91.67	E3	100.00	F4	75.00	H3	16.67
B3	91.67	C10	75.00	E4	25.00	F5	91.67	H4	33.33

注：表中各题项代码的含义同表 4-1。

第一轮专家认为测量题项主要来自英文文献，项目组需要对入选的题项做进一步的整合和明晰语义。进入第二轮专家咨询的 A1、A2、A3、A4、A6；B1、B2、B3、B4、B5；C1、C3、C9、C10、C12、C13；E3、E6、E7、E8、E9、E10；F2、F3、F4、F5；G1、G5、G6、G7、G8；A8、D2、F1、H2 等 35 个题项经过项目组的整合和归类后，形成第二轮调查表，具体见附表 2-3。其中，A1 语义转化为“获得个性独立和个人自由”，A2 与 B2 合并为“获得经济独立的机会/积累财富”，A3、A4、A6、A8 合并为“自己当老板/主宰自己的命运”，三者一起命名为独立动机；C1 语义转化为“让自己的知识和经验学有所用”，C3 保留原话“证明自己的能力与才华”，D2 语义转化为“挑战自我/不甘平庸”，C9、C10、C12、C13 合并为“获得更高的社会地位和声望”，四者一起命名为自我实现动机；E10 保留原话“为社会创造就业岗位”，E6 和 E7 合并成“为国家和社会发展做更大贡献”，E8 和 E9 合并成“为自己及家人创造就业岗位”，E3 和 H2 合并为“增加与自己有关的人的福利水平”，四者一起命名为责任动机；F1、F2 和 F4 合并为“工作不满意/工作前景不乐观”，F3 和 F5 合并为“找不到合适的工作/失业”，B1、B3 和 B4 合并为“比就业多挣些钱用于养家糊口”，三者一起命名为生存需求动机；G5 和 G6 合并为“响应国家和学校的创业号召”，B5 和 G7 合并为“享受国家税收减免等优惠政策”，两者一起命名为响应政策动机；G1 和 G8 合并为“别人创业成功的示范和激励”，增加“看到商机/有好的创业项目”题项，两者一起命名为把握机会动机。

第二轮专家咨询。项目组将第一轮咨询汇总，对纳入的维度和题项整合和完善后，形成大学生创业动机量表测量题项恰当性程度专家调查表（见表4-3），连同第一轮咨询的情况汇总一并呈现给每位专家。要求专家对大学生创业动机量表的题项的恰当性程度按照“完全恰当~完全不恰当”的等次予以评价。其中，5分代表完全恰当，4分代表比较恰当，3分代表一般，2分代表不太不恰当，1分代表完全不恰当。评价结果如表4-3所示：

表4-3 第二轮专家咨询各题项恰当性程度百分比及变异系数

题项名称	恰当程度百分比（%）					变异系数
独立动机	完全恰当	比较恰当	一般	有点不恰当	完全不恰当	
D1 获得个性独立和个人自由	33.3	33.3	33.3	0.00	0.00	0.213
D2 获得经济独立的机会/积累财富	66.7	25.0	8.3	0.00	0.00	0.146
D3 自己当老板/主宰自己的命运	100	0.00	0.0	0.00	0.00	0.000
自我实现动机						
S1 让自己的知识和经验学有所用	66.7	33.3	0.0	0.00	0.00	0.106
S2 证明自己的能力与才华	50.0	41.7	8.3	0.00	0.00	0.151
S3 挑战自我/不甘平庸	58.3	33.3	8.3	0.00	0.00	0.150
S4 获得更高的社会地位和声望	75.0	25.0	0.00	0.00	0.00	0.095
责任动机						
R1 为社会创造就业岗位	91.7	8.3	0.00	0.00	0.00	0.059
R2 为国家和社会发展做更大贡献	33.3	58.3	8.3	0.00	0.00	0.146
R3 为自己及家人创造就业岗位	100	0.00	0.00	0.00	0.00	0.000
R4 增加与自己有关的人的福利水平	41.7	33.3	25.0	0.00	0.00	0.200
生存需求动机						
N1 工作不满意/工作前景不乐观	100	0.00	0.00	0.00	0.00	0.000
N2 找不到合适的工作/失业	50.0	25.0	25.0	0.00	0.00	0.204
N3 比就业多挣些钱用于养家糊口	0.00	83.3	16.7	0.00	0.00	0.102
响应政策动机						
C1 响应国家和学校的创业号召	66.7	33.3	0.00	0.00	0.00	0.106
C2 享受国家税收减免等优惠政策	0.00	83.3	16.7	0.00	0.00	0.102
把握机会动机						
C3 看到商机/有好的创业项目	75.0	25.0	0.00	0.00	0.00	0.095
C4 别人创业成功的示范和激励	8.3	58.3	33.3	0.00	0.00	0.166

第二轮专家咨询结果显示，D1、D2、D3、S1、S2、S3、S4、R1、R2、R3、R4、N1、N2、N3、C1、C2、C3、C4的恰当程度系数均值分别为4.00、4.58、5.00、4.67、4.42、4.5、4.75、4.92、4.25、5.00、4.17、5.00、4.25、3.83、4.67、3.83、4.75、3.75，均超过了3.50；各题项累计完全恰当和比较恰当程度分别为处于66.7%~100%之间，恰当性程度专家评价的变异系数分布在0.00~0.213之间。利用SPSS15.0软件，对整合以后包含独立动机、自我实现动机、责任动机、生存需求动机、响应政策动机和把握机会动机六个维度，十八个测量题项的大学生创业动机量表的专家恰当性评价系数进行Kendall's W Test，结果显示，总体专家一致性系数为0.426，Chi-Square值为86.967，Asymp. Sig. 值为0.000，达到0.001以上的显著水平。总体看来，专家的意见一致性程度较高①，比较认同本研究所发展的六个维度、十八个题项的大学生创业动机量表。

本研究所构建的大学生创业动机测量量表的主要题项均归纳自国内外文献成果，后文还要进一步利用较大规模问卷调查收集数据进行信度、效度、探索性因子分析和验证性因子分析等实证研究，进一步检验大学生创业动机量表的科学性，专家咨询只是作为辅助性研究，而且两轮专家咨询的各项指标均达到良好水平。因此，项目组认为可以结束专家咨询，并以第二轮专家咨询获得的六个维度、十八个题项的大学生创业动机量表（见表4-3）进入后续的实证研究。

最终，本研究在文献研究的基础上，结合专家咨询、大学生座谈和试填问卷的结果，发展出包含独立、自我实现、责任、生存需求、响应政策、把握机会等六个动机成分因素，十八个测量题项的大学生生存型创业和机会型创业动机测量量表。具体如表4-4所示。

表4-4　　大学生生存型创业与机会型创业动机量表

测量题项	量表来源
独立动机	
获得个性独立和个人自由	修改自Moy等(2003)；Zhuplev和Shtykhno（2008）；Giacomin等(2011b)；张凯竣和雷家骕（2012）
获得经济独立的机会/积累财富	修改自Moy等(2003)；Chu等(2007)；Zhuplev和Shtykhno(2008)；Giacomin等(2011b)；高日光等（2009）

① 一般认为，专家咨询法的专家一致性系数处于0.4~0.5之间，达到0.05显著水平，即表明专家的意见一致性程度比较高。见张莉，周颖清．社区护理质量评价核心指标的研究［J］．中华护理杂志，2010，45（5）：360-362.361.

续表

测量题项	量表来源
自己当老板/主宰自己的命运	修改自 Moy 等（2003）；Chu 等（2007）；Zhuplev 和 Shtykhno（2008）
自我实现动机	
让自己的知识和经验学有所用	修改自 Gray 等（2006）；Chu 等（2007）；高日光等（2009）
证明自己的能力与才华	修改自高日光等（2009）；Moy 等（2003）；Chu 等（2007）
挑战自我/不甘平庸	修改自贺丹（2006）；Moy 等（2003）；Chu 等（2007）；Zhuplev 和 Shtykhno（2008）；高日光等（2009）；张凯竣和雷家骕（2012）
获得更高的社会地位和声望	修改自 Moy 等（2003）；Chu 等（2007）；张凯竣和雷家骕（2012）；Abbey（2002）
责任动机	
为社会创造就业岗位	修改自 Bhat 和 McCline（2005）；Giacomin 等（2011b）
为国家和社会发展做更大贡献	修改自贺丹（2006）；张凯竣和雷家骕（2012）
为自己及家人创造就业岗位	修改自 Chu 等（2007）
增加与自己有关的人的福利水平	修改自 Abbey（2002），Zhuplev 和 Shtykhno（2008）
生存需求动机	
工作不满意/工作前景不乐观	修改自 Giacomin 等（2011）；Gray 等（2006）
找不到合适的工作/失业	修改自 Gray 等（2006）；Chu 等（2007）；Giacomin 等（2011b）
比就业多挣些钱用于养家糊口	修改自 Abbey（2002）；Chu 等（2007）；Zhuplev 和 Shtykhno（2008）
响应政策动机	
响应国家和学校的创业号召	本研究自编
享受国家税收减免等优惠政策	修改自高日光等（2009）；Abbey（2002）
把握机会动机	
看到商机/有好的创业项目	本研究自编
别人创业成功的示范和激励	修改自 Abbey（2002）；Gray 等（2006）

资料来源：作者根据相观资料整理。

第四节 大学生生存型与机会型创业动机测量模型实证分析

在现有文献中，机会型动机和生存型动机往往交织在一起驱使人们去创业（Williams et al.，2006）得到了研究者的广泛认同。本研究前文也基于“认知创业动机理论分析框架”推断大学生生存型创业动机与机会型创业动机存在同构性。鉴于此，本研究在编制大学生创业动机测量问卷时，同时考虑生存动机和机会动机因素，将表4-4关于大学生创业动机测量的十八个题项（包括机会型动机成分和生存型动机成分）编制成大学生创业动机调查问卷，采用李科特等距尺度法进行测量（最高为5分，最低为1分），用于测量大学生生存型创业动机与机会型创业动机。

但是，本研究前文还推断大学生生存型与机会型创业动机在结构上存在差异性。为此，本研究不仅要验证大学生创业动机测量模型的信度、效度和适配度，还要进一步实证探寻大学生生存型创业与机会型创业意向者在上述十八个动机测量因素上是否存在差异。因此，在问卷调查的时候还需要区分受访者属于生存型创业者还是机会型创业者。对于如何区分生存型创业者和机会型创业者，我们赞成张玉利和杨俊（2003）、GEM（2003）的观点①，认为机会型创业出于自愿，生存型创业迫于无奈。李等（Lee et al.，2005）在实证研究中，亦是以此来区分生存型创业者和机会型创业者。为此，本研究参考李等（2005）的做法②，用二分法来测量大学生创业动机是机会型还是生存型，“1”表示自愿创业，代表机会型创业；“2”表示创业是别无选择、迫于无奈而并非出于自愿，代表生存型创业。问卷对象可以根据自己创业或假定自己创业是出于自愿还是迫于无奈来表明自己属于机会型创业还是生存型创业。

当前，大学生中有正在创业者，也有准备创业者，而大部分学生尚无创业的打算或未考虑过是否创业的问题。在设计问卷时，本研究充分考虑到这些实际情况，参考莫伊等（2003）的方法③，用“您创业（或假定您创业）的动机有哪些?”涵盖了已创业大学生、有创业意向的大学生，以及尚未考虑创业的大学生，以此引出大学生群体对创业动机各测量变量的评价。

在多次小规模问卷调查的基础上，本研究以2012年全国普通高校（不含

---

① 张玉利和杨俊（2003）强调机会型创业是个体的偏好，是个体将创业作为实现自我价值、追求理想的手段；而生存型创业的动机是没有其他更好的选择，出于被迫而非个人自愿行为。GEM（2003）亦曾强调，生存型创业是一种非自愿的创业活动；机会型创业是自愿的创业活动，机会型创业者还有其他的选择，他们之所以创业是出于个体的某些偏好。

② 李等（Lee et al.，2005）将“生存型创业”与“机会型创业”视为二分变量，用“自愿”与“别无选择”来区分两种类型的创业者。详见 Lena Lee，Poh Kam Wong，Jennifer Chen，Bee - Leng Chua. Antecedents of Entrepreneurial Propensity：Findings from Singapore，Hong Kong and Taiwan，2005，Online at http：//mpra. ub. uni-muenchen. de/2615/MPRA Paper No. 2615，posted 8. April 2007，pp10.

③ 已有研究表明，在探询大学生创业动机时，问卷调查对象可以是那些已经创业的大学生，也可以是有创业意向的大学生，还可以是假定的创业者。莫伊等（2003）在测量青年学生创业动机时，就是用“假定您是创业者，请您根据您的创业动机对以下题项作出评价”。具体参见 Jane W. H. Moy，Vivienne W. M. Luk and Philip C. Wright. Perceptions of Entrepreneurship as a Career：Views of Young People in Hong Kong［J］. Equal Opportunities International，2003（4）：16-40.

警察类院校、军事院校）在校的研究生、本科生和高职专科生①为抽样的总体，采用多阶段抽样法，分别抽取城市、高校和学生。最终，在重庆、成都、上海、合肥、南京、杭州、南昌等城市的 11 所高校对在校大学生进行了大规模的问卷调查，累计发放问卷 1 100 余份，收回反馈问卷 1 019 份。在剔除缺失数据过多的问卷以及选项过于集中在某一分值的问卷等无效问卷后，获得有效样本数据 935 份，有效问卷的回收率约为 85%。

一、数据的描述性统计分析

首先，使用 SPSS15.0 统计软件，计算本研究"大学生创业动机测量模型"的 18 个测量指标的平均值和标准差，结果如表 4 – 5 所示。

表 4 – 5　　测量变量平均值和标准差

潜在变量/代码	测量变量/代码	平均值	标准差
独立动机（DM）	获得个性独立和个人自由（d1）	3.7027	0.99858
	获得经济独立的机会 / 积累财富（d2）	3.9433	0.91550
	自己当老板 / 主宰自己的命运（d3）	3.9122	0.91011
自我实现动机（SM）	让自己的知识和经验学有所用（s1）	3.8951	0.92466
	证明自己的能力与才华（s2）	3.9861	0.89778
	挑战自我 / 不甘平庸（s3）	3.9925	0.90024
	获得更高的社会地位和声望（s4）	3.8062	0.96672
责任动机（RM）	为社会创造就业岗位（r1）	3.5048	0.98039
	为国家和社会发展做更大贡献（r2）	3.5711	0.96570
	为自己及家人创造就业岗位（r3）	3.7859	0.95626
	增加与自己有关的人的福利水平（r4）	3.8619	0.93588
生存需求动机（NM）	工作不满意 / 工作前景不乐观（n1）	3.1970	0.99503
	找不到合适的工作 / 失业（n2）	3.1627	1.01714
	比就业多挣些钱用于养家糊口（n3）	3.3859	0.99089
响应政策动机（AM）	响应国家和学校的创业号召（a1）	3.0771	1.00078
	享受国家税收减免等优惠政策（a2）	3.1929	0.98773
把握机会动机（HM）	看到商机 / 有好的创业项目（h1）	3.6081	0.95593
	别人创业成功的示范和激励（h2）	3.4780	0.93730

资料来源：本研究数据计算的结果。

① 警察类院校和军事院校就业比较固定，与其他类型高校有较大的区别，因此抽样总体中不包含此两类院校。如，重庆警察学院官网数据显示，该校毕业生进入警察和其他国家机关事业单位就业的比率高达 85% 以上。具体见其官网：http：//www.cqjy.com.cn/content.aspx？cid = 43.

受测的935位大学生在关于创业动机的十八个测量题项上的平均值分布在3.0771～3.9925之间。在所有的十八个动机变量中，“挑战自我／不甘平庸（s3）”得分最高，为3.9925，“响应国家和学校的创业号召（a1）”得分最低，为3.0771。

二、探索性因子分析

安德森和格尔冰（Anderson & Gerbing，1988）建议，在发展理论的过程中需要进行交叉证实（cross-validation）。他们认为在研究时，应该先运用探索性分析建立研究模型，然后再使用验证性分析去检验和修正研究模型[①]。但是，姜勇和庞丽娟（2000）认为，如果研究者事先对测量维度已经有一定程度的把握，即可以不做交叉证实，可以使用同一样本做探索性因子分析和验证性因子分析。本研究在梳理和归纳现有关于创业动机测量维度和测量题项的基础上，提出六个维度，十八个测量题项的大学生创业动机模型。但是，现有文献中关于创业动机的维度和测量指标并未取得一致的研究结果。一方面，研究者依据不同的标准，将大学生创业动机划分为不同的维度。如，高日光等（2009）将大学生创业动机分为自我实现、追名求富、社会支持和家庭影响四个维度；吉亚考民等（2011b）将大学生创业动机划分为追求利润和社会地位、渴望独立、创造、个人发展和职业不满意五个维度；而法托齐（2010）将大学生创业动机分为雇佣、自主、创造、宏观经济及资本四个维度。另一方面，类似含义的测量题项被不同的研究者归纳在不同的维度中。如高日光等（2009）、吉亚考民等（2011b）将“提高社会地位”作为“追名求富”因子的测量题项。而在阿贝（2002）的研究中，“提高社会地位”作为“认可”因子的测量题项。因此，本研究先根据安德森和格尔冰（1988）的建议，将935份问卷数据样本平均分成2份，以其中的一份样本做探索性因子分析，再以另一份样本做验证性因子分析，进行交叉证实。之后，再以总样本做验证性因子分析。

为了对“大学生创业动机”的属性分类进行验证，本研究使用SPSS15.0软件对问卷数据进行探索性因子分析，用于评价十八个测量题项的大学生创业动机结构模式与表4－4中所归纳的六个方面的创业动机要素成分属性是否吻

① 交叉证实即是将样本分成相同数目的两部分，用其中的一部分数据进行探索性研究，用另一部分数据进行验证性分析。James C. Anderson，David W. Gerbing，Structural Equation Modeling in Practice：A Review and Recommended Two－Step Approach［J］. Psychological Bulletin，1988，103（3）：411－423，412.

合，以及吻合的程度。

因子分析对样本的数目有一定的要求，原则上样本越大因素负荷越稳定，但具体需要多少样本尚无定论。陈正昌等（2005）建议做因子分析样本的绝对数目不低于400个，而且，所需的样本相对数目至少应该是测量题项数目的3倍到5倍。按照考苏奇（Gorsuch）的建议[①]，因子分析样本相对数目要求一个测量题项对应5个样本，而且样本绝对容量应不少于100个。综合学者们的建议，本研究以469份问卷数据对十八个题项做探索性因子分析，达到样本量的绝对数目和相对数目的要求。

对于数据是否适宜于做因子分析，学术界也有相应的要求。陈正昌等（2005）认为，KMO值通常介于0～1，表示变项间的共同因素的多少，KMO值越大，变项间的共同因素越多。当KMO值大于0.50时，表示Bartlett's检验已经达到了显著水平，初步判断可以做因子分析。与此同时，他们又强调各变量的取样适当性量数（Measures of Sampling Adequacy，MSA）必须大于0.50，否则亦不适宜做因子分析。

接下来，我们用SPSS15.0软件，进行探索性因子分析。本研究样本数据KMO测度和Bartlett检验结果如表4－6所示。

表4－6 大学生创业动机探索性因子分析KMO and Bartlett's Test值

Kaiser－Meyer－Olkin Measure of Sampling Adequacy.		0.853
Bartlett's Test of Sphericity	Approx. Chi－Square	3 489.243
	df	153
	Sig.	0.000

表中数据显示KMO值为0.853，显著性概率为0.000，小于1%，达到显著水平。以上结果表明，KMO样本测度结果达到了显著水平，样本数据的相关阵不是单位阵。因此，我们初步认为样本数据可以进行因子分析。同时，SPSS15.0输出的反影像相关系数矩阵（Anti-imange Correlation）显示每一个变量的取样适当性量数（Measures of Sampling Adequacy，MSA）情况是：十八个测量变量所对应的MSA值分别为0.881、0.849、0.878、0.901、0.890、0.906、0.903、0.851、0.838、0.893、0.903、0.736、0.662、0.838、0.810、0.790、0.855、0.848。也就是说，十八个变量的取样适当性量数

① 参见胡中锋，莫雷．论因素分析方法的整合［J］．心理科学，2002（4）：474－475.

(MSA) 在0.662~0.906之间，均大于0.50，表明数据适合于做因子分析。

我们使用SPSS15.0软件，采用Varimax法直交旋转抽取因子。经过9次迭代，抽取出六个公共因子，因子载荷值如表4-7所示。

表4-7　　大学生创业动机因子载荷

测量变量	Component					
	1	2	3	4	5	6
挑战自我/不甘平庸	0.805	0.178	0.187	-0.011	0.132	0.076
证明自己的能力与才华	0.749	0.230	0.312	0.052	-0.050	0.115
让自己的知识和经验学有所用	0.645	0.171	0.405	0.096	-0.064	0.185
获得更高的社会地位和声望	0.602	0.195	0.091	0.086	0.322	0.035
为国家和社会发展做更大贡献	0.167	0.788	0.116	0.010	0.121	0.314
为社会创造就业岗位	0.144	0.762	0.201	0.057	0.057	0.367
为自己及家人创造就业岗位	0.340	0.688	0.147	0.124	0.214	-0.159
增加与自己有关的人的福利水平	0.393	0.554	0.167	0.173	0.179	-0.226
获得经济独立的机会/积累财富	0.251	0.136	0.829	-0.015	0.144	-0.020
获得个性独立和个人自由	0.182	0.204	0.801	-8.56 E-005	0.014	0.038
自己当老板/主宰自己的命运	0.346	0.077	0.644	0.105	0.290	-0.131
找不到合适的工作/失业	-0.028	0.052	0.007	0.884	0.013	0.136
工作不满意/工作前景不乐观	0.023	0.056	0.134	0.804	-0.021	0.224
比就业多挣些钱用于养家糊口	0.180	0.088	-0.073	0.732	0.238	0.019
看到商机/有好的创业项目	0.104	0.144	0.192	0.101	0.778	0.173
别人创业成功的示范和激励	0.087	0.164	0.089	0.067	0.713	0.309
响应国家和学校的创业号召	0.137	0.130	-0.033	0.294	0.198	0.764
享受国家税收减免等优惠政策	0.094	0.114	-0.044	0.177	0.367	0.708
累计方差贡献率(%)	14.455	27.188	39.533	51.630	60.931	70.168

Extraction Method: Principal Component Analysis.
Rotation Method: Varimax with Kaiser Normalization.
a Rotation converged in 9 iterations.

由表4-7可知，每个因子中涵盖了因子载荷值在0.554~0.884之间的各个不同数量的测量变量，而且每个测量变量在其他因子上的因子载荷值都没有超过0.5。因此，本研究的因子有较高的区别效度和聚敛效度。不仅如此，本次测量的累计方差贡献率为70.168%，也即是说由六个维度十八个测量指标所构成的“大学生创业动机评价模型”的构想效度为0.70168。综合两者，可以认为本研究所发展的“大学生创业动机评价模型”效果不错。由此可见，本研究通过探索性因子分析所提取的大学生创业动机六个因子成分的分类情况，以及其反映信息的实际意义与本研究原先所构想的评价模型达到一致。

根据各因子所包含的测量指标的原始含义，我们对本研究的六个公共因子依次进行命名，分别为自我实现动机、责任动机、生存需求动机、响应政策动机、把握机会动机。其中，自我实现动机是指大学生不甘平庸，学以致用，希望通过创业实现自己的理想、施展自己的才华、获取更高的社会地位；责任动机是指大学生的责任感在创业问题上的体现，希望通过创业为社会创造更多财富、提供就业岗位，增加自己、家人及与自己有关的人的福利水平；生存需求动机是指大学生希望通过创业解决自身的就业问题及可能的工作不满意问题，赚取自己及家人的基本生活；响应政策动机是指大学生对国家鼓励大学生创业的号召，以及支持大学生创业的各项优惠政策的积极响应，从而选择创业；把握机会动机是指大学生看到市场机会或者看到别人创业成功而觉察到市场存在的创业机遇，由此而选择创业。

三、数据的可靠性分析

内部一致性系数——Cronbach α 通常可以用于检验样本数据的可靠性，以衡量问卷所收集到的数据的质量。海尔等（Hair et al.，1998）认为，如果 Cronbach α 值大于 0.7，则表明问卷数据的可靠性程度较高。如果计量尺度中的测量变量小于 6 个，则 Cronbach α 值大于 0.6 即表明问卷数据是可靠的。如果删除某测量变量可以显著地提高量表的 Cronbach α 值，则可以考虑删除该测量变量。

为了判断数据的可靠性，本研究使用 SPSS15.0 软件计算各变量的内部一致性系数值。基于数据可靠性检验结果，判断是否需要删除测量变量。内部一致性系数检验结果如表 4－8 所示。

表 4－8　总体 Cronbach α 值

<table>
<tr><th>潜在变量</th><th>测量变量</th><th>删除后的
Cronbach α 值</th><th>总体
Cronbach α 值</th></tr>
<tr><td rowspan="3">独立动机</td><td>获得个性独立和个人自由</td><td>0.868</td><td rowspan="7">0.875</td></tr>
<tr><td>获得经济独立的机会／积累财富</td><td>0.867</td></tr>
<tr><td>自己当老板／主宰自己的命运</td><td>0.866</td></tr>
<tr><td rowspan="4">自我实现动机</td><td>让自己的知识和经验学有所用</td><td>0.865</td></tr>
<tr><td>证明自己的能力与才华</td><td>0.864</td></tr>
<tr><td>挑战自我／不甘平庸</td><td>0.865</td></tr>
<tr><td>获得更高的社会地位和声望</td><td>0.866</td></tr>
</table>

续表

潜在变量	测量变量	删除后的 Cronbach α 值	总体 Cronbach α 值
责任动机	为社会创造就业岗位	0.864	0.875
	为国家和社会发展做更大贡献	0.864	
	为自己及家人创造就业岗位	0.864	
	增加与自己有关的人的福利水平	0.866	
生存需求动机	工作不满意／工作前景不乐观	0.873	
	找不到合适的工作／失业	0.875	
	比就业多挣些钱用于养家糊口	0.872	
响应政策动机	响应国家和学校的创业号召	0.869	
	享受国家税收减免等优惠政策	0.869	
把握机会动机	看到商机／有好的创业项目	0.868	
	别人创业成功的示范和激励	0.868	

资料来源：本研究数据计算的结果。

根据表4－8的数据，大学生创业动机量表的总体 Cronbach α 值为0.875，18个测量变量中的每个变量删除以后的 Cronbach α 值分别在0.864～0.875之间，删除任一测量变量皆不能提高量表的总体 Cronbach α 值。

接下来，我们对大学生创业动机的6个因子分别做内部一致性检验，结果如表4－9所示。由表4－9可见，独立动机因子的 Cronbach α 值为0.784，所辖的每个测量变量删除以后的 Cronbach α 值分别在0.617～0.751之间，删除任一测量变量皆不能提高该因子总体的 Cronbach α 值。自我实现动机因子 Cronbach α 值为0.798，所辖的每个测量变量删除以后的 Cronbach α 值分别在0.699～0.801之间，删除测量变量“获得更高的社会地位和声望”可以将该因子总体的 Cronbach α 值由0.798提高到0.801，提高的幅度为0.003。但是，若删除此测量变量，总体量表的 Cronbach α 值将由0.875下降为0.866，下降的幅度为0.009，因此，应该保留该测量变量。责任动机因子的 Cronbach α 值为0.797，所辖的每个测量变量删除以后的 Cronbach α 值分别在0.720～0.784之间，删除任一测量变量皆不能提高该因子总体的 Cronbach α 值。生存需求动机因子 Cronbach α 值为0.773，所辖的每个测量变量删除以后的 Cronbach α 值分别在0.564～0.805之间，删除测量变量“比就业多挣些钱用于养家糊口”可以将该因子总体的 Cronbach α 值由0.773提高到0.805，提高的幅度为0.032，尚未达到显著改善的程度。若删除此测量变量，总体量表的 Cronbach α 值将由0.875下降为0.872，因此，综合考虑不删除该测量变量。

表 4-9 各分量表 Cronbach α 值

因子名称	测量变量	删除后的 Cronbach α 值	因子 Cronbach α 值
独立动机	获得个性独立和个人自由	0.743	0.784
	获得经济独立的机会/积累财富	0.617	
	自己当老板/主宰自己的命运	0.751	
自我实现动机	让自己的知识和经验学有所用	0.757	0.798
	证明自己的能力与才华	0.699	
	挑战自我/不甘平庸	0.718	
	获得更高的社会地位和声望	0.801	
责任动机	为社会创造就业岗位	0.739	0.797
	为国家和社会发展做更大贡献	0.720	
	为自己及家人创造就业岗位	0.740	
	增加与自己有关的人的福利水平	0.784	
生存需求动机	工作不满意/工作前景不乐观	0.688	0.773
	找不到合适的工作/失业	0.564	
	比就业多挣些钱用于养家糊口	0.805	
响应政策动机	响应国家和学校的创业号召		0.785①
	享受国家税收减免等优惠政策		
把握机会动机	看到商机/有好的创业项目		0.675②
	别人创业成功的示范和激励		

资料来源：本研究数据计算的结果。

四、评价模型的效度检验

我们使用前文所述的另外一半共466份样本进行验证性因子分析，以图对大学生创业动机评价模型形成交叉证实。根据黄芳铭（2005）的建议，我们采用以下三个步骤进行验证性因子分析，以检验评价模型的效度：首先，检验模型有无违犯估计③。其次，检验整体模型的适配度。若无违反估计现象，便可以进行整体模式的适配度检验。最后，检验个别变量的效度。本研究假设模型

① 此因子的测量题项只有2项（为测量潜在变量所需的观察变量最低数目要求，参见黄芳铭. 结构方程模式理论与应用［M］. 北京：中国税务出版社，2005：11.）。因此，不存在删除题项问题，删除后的 Cronbach α 值无须计算。

② 把握机会动机量表的测量题项只有2项，因此不存在删除题项问题，删除后的 Cronbach α 值无须计算。

③ 黄芳铭（2005）认为如果有负的误差变异数（error variance）的存在、标准化系数绝对值超过0.95、有太大的标准误差，则表示存在违犯估计现象。参见黄芳铭. 结构方程模式理论与应用［M］. 北京：中国税务出版社，2005：144.

整体适配度评价指标及其标准见表 4－10。

表 4－10　　　本研究假设模型整体适配度评价指标及其标准

类型	指标名称	评价标准	评价依据
绝对适配指标	RMSEA	小于 0.05 表示良好适配；0.05～0.08 之间表示不错的适配；0.08～0.10 之间表示中度适配；大于 0.10 表示不良适配。	Hair 等（1998）；黄芳铭（2005）
	GFI	大于 0.8	Bagozzi 和 Yi（1988）；林俊宏等（2006）；邵兵家和杨霖华（2006）
	AGFI	大于 0.8	
	χ^2/df	小于 3 *	陈正昌等（2005）
相对适配指标	NNFI	大于 0.90	Hair 等（1998）；黄芳铭（2002）
	CFI	大于 0.90	
	NFI	大于 0.90	黄芳铭（2005）
	IFI	大于 0.90	
	RFI	大于 0.90	
简效适配指标	PNFI	大于 0.50	
	PGFI	大于 0.50	
显著性指标	t 值	绝对值小于 1.96，不显著；大于 1.96，达 0.05 显著水平；大于 2.58，达 0.01 显著水平。	陈正昌等（2005）

说明：对于 NFI、NNFI、CFI、IFI、RFI、GFI、AGFI 等指标的门槛必须大于 0.9，有学者认为要求过高。如，蔡进发和萧至惠（2009）认为，上述指标超过 0.8 就可以接受**。

资料来源：本研究参考相关文献整理。

注：*黄芳铭（2005）认为此指标对样本量敏感，样本量越大此指标也容易达到显著，越容易拒绝理论模式。因此，使用此判断指标时，还必须结合其他指标进行综合评价。参见黄芳铭．结构方程模式理论与应用［M］．北京：中国税务出版社，2005：147.

**参见蔡进发，萧至惠．休闲农场之农场形象、知觉品质、知觉风险、知觉价值、满意度与重游意愿关系之研究——以嘉义县独角仙农场为例［J］．环境与管理研究，2009（1）：32－58，47，48.

本书研究在使用 LISREL8.54 处理数据时，根据黄芳铭（2005）的建议①，皆以共变数矩阵（covariance matrix）作为输入矩阵，采用 ML（maximum likelihood）法进行数据的分析。黄芳铭（2005）认为，信度检验要求个别观察变量的信度一般应大于 0.50，但只要 t 值达到显著水平，低于 0.5 亦可以接受。潜

① 黄芳铭（2005）认为共变数矩阵（covariance matrix）是结构方程模型的中心概念，整个模式的验证就是分析样本共变数与理论预测共变数之间差距是否达到建议的标准，一般应以共变数矩阵作为输入矩阵。另外，对于观察变量 6～8 个以上的大模式而言，无须检验样本数据的属于哪种分布，可以直接选用 ML（maximum likelihood）法对数据进行统计分析。参见黄芳铭，结构方程模式理论与应用，［M］．北京：中国税务出版社，2005：21，132.

在变量的信度用建构信度（construct reliability）来衡量，建构信度的值一般应大于0.60。聚合效度方面要求潜在变量的因子的标准化系数不能太低，必须达到显著水平，而且方向性亦需要正确。潜在变量平均变异数抽取量（average variance extracted）必须大于0.5的标准。

在区别效度检验方面，乔里斯考格和索波姆（Jöreskog & Sörbom，1989）提出潜在变项配对相关信赖区间检定法，将相关系数加减1.96个标准差，如果信赖区间值并未包含1.00的值，则表示潜在变项间具有区别效度（转自黄芳铭，2005）①。弗纳尔和拉科尔（Fornall & Larcker，1981）认为因子本身的平均变异抽取量大于该因子与其他因子之间相关系数的平方值，则表示测量模型具有良好的区别效度（转自邵兵家和杨霖华，2006）②。

首先，进行违犯估计的检验。本研究使用LISREL8.54统计软件对大学生创业动机进行了验证性因子分析。大学生创业动机6因子假设测量模型参数估计如表4-11所示。由表可知，标准化系数值在0.61～0.90之间，所有标准化系数值均未大于0.95；测量变量的测量误差在0.19～0.62之间，并无太大的标准误差出现，而且，亦未出现负的误差变异数。由此可知，本研究“大学生创业动机计量模型”样本数据不存在违犯估计现象，适合于进一步做整体模型的适配度检验。

表4-11　6因子假设测量模型系数估计表及适配度评价值

路径关系	非标准化估计值	观察变量测量误差	标准误	标准化估计值	t值
DM→d1	1.3	0.52	0.09	0.69	13.94**
DM→d2	0.76	0.38	0.04	0.79	18.61**
DM→d3	1.56	0.30	0.08	0.84	20.00**
SM→s1	1.08	0.48	0.06	0.72	17.29**
SM→s2	1.00	0.28	0.05	0.85	21.86**
SM→s3	0.86	0.33	0.04	0.82	20.70**
SM→s4	0.90	0.55	0.06	0.67	15.59**
RM→r1	0.76	0.56	0.05	0.66	14.40**
RM→r2	0.78	0.50	0.05	0.71	15.88**
RM→r3	1.00	0.37	0.06	0.79	17.68**
RM→r4	0.80	0.49	0.05	0.72	15.38**
NM→n1	0.83	0.41	0.09	0.77	9.13**
NM→n2	0.71	0.62	0.07	0.61	10.36**

① 黄芳铭．结构方程模式理论与应用［M］．北京：中国税务出版社，2005.

② 邵兵家，杨霖华．个人网上银行使用意向影响因素的实证研究［J］．营销科学学报，2006年3月第2卷第1辑，共13页，http：//www.jms.org.cn/current.jsp.

续表

路径关系	非标准化估计值	观察变量测量误差	标准误	标准化估计值	t值
NM→n3	1.07	0.19	0.08	0.90	12.64 **
AM→a1	0.92	0.31	0.05	0.83	19.19 **
AM→a2	0.97	0.27	0.05	0.86	19.78 **
HM→h1	0.96	0.48	0.06	0.72	15.58 **
HM→h2	0.91	0.40	0.05	0.77	16.76 **
χ^2 = 457.30，df = 114，RMSEA = 0.080，NFI = 0.95，NNFI = 0.95，PNFI = 0.71，CFI = 0.96，IFI = 0.96，RFI = 0.93，GFI = 0.90，AGFI = 0.85，PGFI = 0.60。					

** P < 0.01

注：表中的代码含义同表4-5。

接着，进行整体模型的效度检验。验证性因子分析模型的适配度指标的卡方值（χ^2）= 457.30，自由度（df）= 114，χ^2/df = 4.01，近似均方根残差（RMSEA）= 0.080，规范适配指标（NFI）= 0.95，非规范适配指标（NNFI）= 0.95，简效规范适配指标（PNFI）= 0.71，比较适配指标（CFI）= 0.96，增量适配指标（IFI）= 0.96，相对适配指标（RFI）= 0.93，标准化均方根残差（SRMR）= 0.050，适配度指标（GFI）= 0.90，调整后适配度指标（AGFI）= 0.85，简效良性适配指标（PGFI）= 0.60。对照表4-13的评价标准，尽管χ^2/df = 4.01，但仍然处在3～5之间，而近似均方根残差（RMSEA）、适配度指标（GFI）、调整后适配度指标（AGFI）、规范适配指标（NFI）、非规范适配指标（NNFI）、简效规范适配指标（PNFI）、简效良性适配指标（PGFI）、比较适配指标（CFI）、增量适配指标（IFI）、相对适配指标（RFI）均超过临界值，综合看来，本研究的"大学生创业动机评价模型"整体适配度达到良好水平。可见，本研究所发展的"大学生创业动机计量模型"是符合实证资料的模式之一，整体建构效度达到较高的水准。

之后，我们进行聚合效度检验。验证性因子分析的结果表明各测量变量在各自潜在变量上的因子的标准化系数在0.61～0.90之间，t值均比较显著，亦没有出现大于0.95的违反估计现象。数据分析的结果表明，本研究的所有测量变量都能够很好地反映其所构建的潜在变量。如表4-12所示，评价模型中6个潜在变项的平均变异抽取量在0.56～0.71之间，均大于0.5的评价标准，说明此6个潜在变项受其建构的测量变量所贡献的量大于误差所贡献的量。根据黄芳铭（2005）建议的判定标准，本研究的"大学生创业动机测量模型"的数据有较高的聚合效度。

表 4-12　　测量变项信度、潜在变项建构信度与平均变异抽取量

潜在变项代码	测量变量代码	R^2	t 值	建构信度	平均变异抽取量
DM	d1	0.48	13.94 **	0.82	0.60
	d2	0.62	18.61 **		
	d3	0.70	20.00 **		
SM	S1	0.52	17.29 **	0.85	0.59
	S2	0.72	21.86 **		
	S3	0.67	20.70 **		
	S4	0.45	15.59 **		
RM	r1	0.44	14.40 **	0.81	0.52
	r2	0.50	15.88 **		
	r3	0.63	17.68 **		
	r4	0.51	15.38 **		
NM	n1	0.59	9.13 **	0.81	0.59
	n2	0.38	10.36 **		
	n3	0.81	12.64 **		
AM	a1	0.69	19.19 **	0.83	0.71
	a2	0.73	19.78 **		
HM	h1	0.52	15.58 **	0.72	0.56
	h2	0.60	16.76 **		

** $P < 0.01$
注：表中的代码含义同表 4-5。

最后，进行区别效度检验。根据上表数据，验证性因子分析的结果表明 6 个因子本身的平均变异抽取量中只有 1 个值略低于该因子与其他因子之间相关系数的平方值，其余值均高于该因子与其他因子之间相关系数的平方值。不仅如此，潜在变项配对相关信赖区间都没有包含 1.00 的值。根据黄芳铭（2005）建议的判别标准，本研究的大学生创业动机的 6 个因子具有良好的区别效度（见表 4-13），每个因子均有独立存在的必要。

表 4-13　　大学生创业动机 6 因子假设模型区别效度指标

变量	DM	SM	RM	NM	AM	HM
DM	0.60[a]					
SM	0.66[b] [0.75, 0.87][c]	0.59[a]				
RM	0.41[b] [0.57, 0.72][c]	0.49[b] [0.62, 0.78][c]	0.52[a]			

续表

变量	DM	SM	RM	NM	AM	HM
NM	0.08[b] [0.18, 0.38][c]	0.06[b] [0.14, 0.34][c]	0.12[b] [0.25, 0.45][c]	0.59[a]		
AM	0.07[b] [0.16, 0.36][c]	0.14[b] [0.28, 0.48][c]	0.21[b] [0.36, 0.56][c]	0.15[b] [0.29, 0.49][c]	0.71[a]	
HM	0.24[b] [0.39, 0.59][c]	0.24[b] [0.39, 0.59][c]	0.41[b] [0.54, 0.74][c]	0.14[b] [0.28, 0.48][c]	0.46[b] [0.60, 0.76][c]	0.56[a]

a 因子平均变异抽取量；b 因子间相关系数平方；c 信赖区间。

注：表中的代码含义同表 4-5。

综上可知，本研究所构建的大学生创业动机六因子测量模型的整体模型效度、聚合效度及区别效度均达到良好的水准。

五、评价模型的信度检验

黄芳铭（2005）认为 R^2 值通常可以作为判断信度的指标，可以用于测量个别测量变量被其所反映的潜在变量所解释的程度。潜在变量的信度可以用建构信度（construct reliability）来衡量。本研究所假设的“大学生创业动机评价模型”的单一测量变量的 R^2 值如表 4-12 所示。数据表明，在所有 18 个测量变量中，个别信度值 R^2 有 14 个超过 0.5，3 个略低于 0.5，其余 1 个为 0.38，但是，所有测量变量的 t 值均达到 0.01 的显著程度，因此，综合两者可以认为“大学生创业动机测量模型”的测量变量的个别信度达到黄芳铭（2005）所建议的判断水准，通过信度检验①。由此可见，本研究“大学生创业动机评价模型”中的每一个测量变量都具有比较高的可靠性。

接着，我们计算各个隐变量的建构信度（construct reliability），以检验“大学生创业动机评价模型”中各个隐变量的信度，结果如表 4-12 所示。DM、SM、RM、NM、AM、HM 6 个隐变量的建构信度分别为 0.82、0.85、0.81、0.81、0.83、0.72，均大于黄芳铭（2005）所建议的 0.6 的鉴别标准。因此，本研究所假设的“大学生创业动机评价模型”中各个隐变量的信度较高。

总体看来，本研究所假设的大学生创业动机 6 因子测量模型通过了各项检验，

① 尽管有不少学者认可个别信度 R^2 的门槛值为 0.5，但是，黄芳铭（2005）根据波论（Bollen，1989b）的研究认为只要 t 值达到显著水准，即使 R^2 值低于 0.5，个别信度也是可以接受的。参见黄芳铭．结构方程模式理论与应用［M］．北京：中国税务出版社，2005：160.

在违反估计检验、评价模型整体效度、聚合效度、区别效度、测量变量的信度、潜在变量的信度等方面都有较好的表现。因此，本研究所发展的大学生创业动机6维度、18个测量题项模型比较适合于探寻和评测大学生创业动机问题。

第五节　大学生生存型与机会型创业动机的同构性检验

根据本研究“认知创业动机理论分析框架”，大学生与创业环境互动中，创业认知自我调节整合内在需要和外在创业诱因形成了创业动机。从内在需要来看，我国大学生既有独立自主、自我实现、成就需要、社会责任和担纲意识（张晓京等，2009）等高层次需要，也包含低层次的维持生存的需要（吕厚超和常雯，2008）。部分大学生原先期望通过“满意的工作”来满足自己的内在需要，在没有找到“满意工作”的情境下，不甘心屈就“不满意的工作岗位”①，转而通过选择低投入、小风险的生存型创业②来证明自我。对于那些将创业作为首选的机会型创业大学生来说，同样面临着养活自己、独立生活的生存需要（吕厚超和常雯，2008）。因此，生存型与机会型创业大学生的内在需要均为复合型，既包含基本的生存型需要，也包含其他高层次需要。从外在创业诱因来看，政府和高校大力鼓励大学生创业，出台了一系列的大学生创业优惠政策、创业税收减免政策。经济发展带来的市场机会，各种渠道提供的创业商机，以及大学生创业典型人物的示范、社会各界发起的创业大赛和创业计划等给大学生带来巨大的外在激励，构成了大学生存型与机会型创业共同的外部诱因体系。因而，大学生生存型与机会型创业的动机在组成要素上（内在需要和外在创业诱因）存在共同性。

上文通过探索性因子分析和验证性因子分析，初步表明大学生创业动机主要包括自我实现动机、责任动机、生存需求动机、响应政策动机、把握机会动机等六个维度。接下来，我们需要进一步确定，六种不同的创业动机要素对大学生生存型创业和机会型创业两种不同类型的创业的创业动机的贡献有无差异。为此，我们首先利用生存型创业大学生和机会型创业大学生的问卷数据来分别确认六种不同动机要素成分对两种创业动机的形成的贡献大小，然后，再进一步确定每个具体

① 当前，部分大学毕业生找不到工作，不是因为没有就业岗位，而是因为岗位不符合自己的预期，不愿意屈就不满意的工作。详见赵修渝，陈杰．我国大学生失业现象的理论分析［J］．重庆大学学报（社科版），2005（3）：132－135.

② 生存型创业主要集中在低投入、低风险的产业领域。详见薛红志，张玉利，杨俊．机会拉动与贫穷推动型企业家精神比较研究［J］．外国经济与管理，2003（6）：2－8.

的测量变量在两种创业动机的形成过程中所发挥的作用是否存在差异。

我们使用上文所建立的六个因子十八个测量变量的大学生创业动机模型，分别使用717份机会型创业问卷数据和217份生存型创业问卷数据进行二阶因子分析，以确认自我实现动机、责任动机、生存需求动机、响应政策动机、把握机会动机等六种创业动机要素成分对生存型创业动机和机会型创业动机的贡献程度。大学生机会型创业动机各组成成分的非标准化系数、标准化系数、测量误差和显著性程度值如表4－14所示。

表4－14　大学生机会型创业动机各组成成分的系数估计

路径关系	非标准化估计值	观察变量测量误差	标准误	标准化估计值	t值
MT→DM	0.77		0.05	0.77	14.48**
MT→SM	0.93		0.05	0.93	17.22**
MT→RM	0.84		0.06	0.84	14.19**
MT→NM	0.32		0.05	0.32	6.76**
MT→AM	0.39		0.05	0.39	8.44**
MT→HM	0.63		0.05	0.63	12.53**
DM→d1	1.27	0.45		0.74	
DM→d2	0.80	0.36	0.04	0.80	18.09**
DM→d3	1.09	0.28	0.07	0.85	14.97**
SM→s1	1.01	0.47		0.73	
SM→s2	0.79	0.29	0.04	0.74	21.24**
SM→s3	0.86	0.32	0.04	0.82	20.82**
SM→s4	0.85	0.58	0.05	0.65	16.48**
RM→r1	0.85	0.51		0.70	
RM→r2	1.00	0.46	0.04	0.73	23.19**
RM→r3	1.09	0.36	0.07	0.80	15.69**
RM→r4	1.00	0.50	0.07	0.70	14.23**
NM→n1	0.83	0.42		0.76	
NM→n2	0.88	0.49	0.08	0.71	11.71**
NM→n3	1.05	0.32	0.11	0.82	9.20**
AM→a1	0.97	0.34		0.81	
AM→a2	1.05	0.31	0.06	0.83	16.44**
HM→h1	0.87	0.44		0.75	
HM→h2	1.06	0.43	0.07	0.75	14.67**
$\chi^2=670.16$，df＝119，RMSEA＝0.080，NFI＝0.95，NNFI＝0.95，PNFI＝0.74，CFI＝0.96，IFI＝0.96，RFI＝0.94，GFI＝0.91，AGFI＝0.86，PGFI＝0.63。					

** $P<0.01$

注：表中的代码含义同表4－5。

由表4-14可知，大学生机会型创业动机各成分的标准化系数值及各观察变量与潜在变量的路径系数值均没有大于0.95；6个动机因子观测变量的测量误差介于0.28~0.58之间，显示无太大的标准误差，且无负的误差变异数。因此，大学生机会型创业动机计量模型样本数据无违犯估计现象。于是，我们进行整体模型的效度检验。验证性因子分析模型的适配度指标的卡方值（χ^2）=670.16，自由度（df）=119，$\chi^2/df=5.63$，近似均方根残差（RMSEA）=0.080，规范适配指标（NFI）=0.95，非规范适配指标（NNFI）=0.95，简效规范适配指标（PNFI）=0.74，比较适配指标（CFI）=0.96，增量适配指标（IFI）=0.96，相对适配指标（RFI）=0.94，适配度指标（GFI）=0.91，调整后适配度指标（AGFI）=0.86，简效良性适配指标（PGFI）=0.63。对照表4-13的评价标准，尽管χ^2/df偏大，但该指标受样本数量影响大。近似均方根残差（RMSEA）、规范适配指标（NFI）、非规范适配指标（NNFI）、简效规范适配指标（PNFI）、比较适配指标（CFI）、增量适配指标（IFI）、相对适配指标（RFI）、适配度指标（GFI）、调整后适配度指标（AGFI）、简效良性适配指标（PGFI）全部超过临界值。因此，综合看来“大学生机会型创业动机测量模式”具有较高的整体效度。

通过上述的数据分析，我们认为大学生机会型创业同时受到六个动机成分的影响，其中也包括我们通常所说的生存需求动机。本研究的六个动机成分对大学生机会型创业动机的贡献由大到小依次为：自我实现动机（MT）、责任动机（RM）、独立动机（DM）、把握机会动机（HM）、响应政策动机（AM）和生存需求动机（NM），标准化影响值分别为0.93、0.84、0.77、0.63、0.39、0.32，均达到0.01的显著程度。由此可见，大学生机会型创业动机主要受自我实现、责任感、独立需求和把握机会等因素支配，受国家创业政策影响的程度不大，而受生存需求的影响最小。

接下来，我们使用上文所建立的六个因子十八个测量变量的大学生创业动机模型，对217份生存型创业大学生问卷数据进行二阶因子分析，以确认自我实现动机、责任动机、生存需求动机、响应政策动机、把握机会动机等六种创业动机要素成分对生存型创业动机的贡献程度。大学生生存型创业动机各组成成分的非标准化系数、标准化系数、测量误差和显著性程度值如表4-15所示。

表 4-15　　大学生生存型创业动机各组成成分的系数估计

路径关系	非标准化估计值	观察变量测量误差	标准误	标准化估计值	t 值
MT→DM	0.62		0.09	0.62	6.59 **
MT→SM	0.67		0.08	0.67	8.07 **
MT→RM	0.82		0.09	0.82	9.40 **
MT→NM	0.52		0.09	0.52	6.06 **
MT→AM	0.63		0.08	0.63	7.59 **
MT→HM	0.56		0.09	0.56	5.98 **
DM→d1	1.36	0.48		0.72	
DM→d2	0.67	0.32	0.06	0.82	11.08 **
DM→d3	1.04	0.38	0.11	0.79	9.44 **
SM→s1	0.75	0.30		0.84	
SM→s2	1.12	0.23	0.07	0.88	15.00 **
SM→s3	0.68	0.48	0.06	0.74	12.06 **
SM→s4	1.06	0.66	0.12	0.58	8.81 **
RM→r1	0.36	0.30		0.84	
RM→r2	0.65	0.39	0.06	0.78	10.24 **
RM→r3	0.83	0.63	0.10	0.61	8.14 **
RM→r4	0.28	0.82	0.05	0.42	5.76 **
NM→n1	1.08	0.22		0.88	
NM→n2	0.56	0.54	0.08	0.68	6.80 **
NM→n3	0.83	0.38	0.18	0.79	4.60 **
AM→a1	0.91	0.25		0.86	
AM→a2	0.86	0.23	0.07	0.88	13.02 **
HM→h1	0.96	0.41		0.77	
HM→h2	0.78	0.46	0.09	0.74	8.57 **
χ^2 = 333.07，df = 120，χ^2/df = 2.78，RMSEA = 0.091，NFI = 0.91，NNFI = 0.92，PNFI = 0.72，CFI = 0.94，IFI = 0.94，RFI = 0.89，GFI = 0.85，AGFI = 0.79，PGFI = 0.60。					

** P < 0.01

注：表中的代码含义同表 4-5。

由表 4-15 可知，大学生生存型创业动机各成分的标准化系数值及各观察变量与潜在变量的路径系数值均没有大于 0.95；六个动机因子观测变量的测量误差介于 0.28 ~ 0.58 之间，显示无太大的标准误差，且无负的误差变异数。因此，大学生生存型创业动机计量模型样本数据无违犯估计现象。于是，我们进行整体模型的效度检验。验证性因子分析模型的适配度指标的卡方值（χ^2）= 333.07，自由度（df）= 120，χ^2/df = 2.78，近似均方根残差（RMSEA）= 0.091，规范适配指标（NFI）=0.91，非规范适配指标（NNFI）=0.92，简效规范适配指标（PNFI）=0.72，比较适配指标（CFI）=0.94，增量适配指标（IFI）=0.94，相对适配指标（RFI）=0.89，标准化均方根残差（SRMR）=0.094，适配度指标（GFI）=0.85，调整后适配度指标（AGFI）=0.79，简效良性适配指标（PGFI）=0.60。对照表4-10的评价标准，规范适配指标（NFI）、非规范适配指标（NNFI）、简效规范适配指标（PNFI）、比较适配指标（CFI）、增量适配指标（IFI）、相对适配指标（RFI）、标准化均方根残差（SRMR）、适配度指标（GFI）、调整后适配度指标（AGFI）、简效良性适配指标（PGFI）全部超过临界值。因此，大学生生存型创业动机测量模式具有较高的整体效度。

通过上述的数据分析，我们认为大学生机会型创业同时受到六个动机要素成分的影响，其中也包括我们通常所说的生存需求动机。本研究的六个动机要素成分对大学生生存型创业动机的贡献由大到小依次为：责任动机（RM）、自我实现动机（MT）、响应政策动机（AM）、独立动机（DM）、把握机会动机（HM）和生存需求动机（NM），标准化影响值分别为0.82、0.67、0.63、0.62、0.56、0.52，均达到0.01的显著程度。由此可见，大学生生存型创业动机主要受责任动机、自我实现动机、响应政策动机、独立动机等因素支配。不仅如此，在所有的驱动因素中，生存需求的所做的贡献最小。

纵观以上数据分析的结果，大学生生存型与机会型创业的动机均由责任动机（RM）、自我实现动机（MT）、响应政策动机（AM）、独立动机（DM）、把握机会动机（HM）和生存需求动机（NM）等六个动机成分要素组成的研究假设通过了本次调查数据的实证检验。

第六节　大学生生存型与机会型创业动机差异性检验

根据本书研究“认知创业动机理论分析框架”，由于个体与环境互动历程的差异，大学生对内在需要的迫切性程度不同、在创业自我效能感等创业认知因素上存在差异、对外在创业诱因的认知差异以及在实现内在需要的外在目标选择上的差异，决定了上述各类创业动机组成要素对不同大学生的创业动机形成过程所起的贡献程度不同，以不同的组合系数构成了生存型与机会型两种类型的创业动机结构体系。因此，本研究在前文提出了大学生生存型与机会型创业的动机在组成要素上呈现同构性，在动机结构上存在差异性的研究假设。结合复合动机论关于生存型与机会型动机共同驱动创业者，有的创业者生存型创业动机多些，有的创业者机会型创业动机多些（Williams et al.，2006）的论断，本研究进一步推断，尽管大学生生存型创业动机与大学生机会型创业动机均由生存型和机会型动机要素共同组成，但相比较而言，大学生机会型创业者受机会型创业动机要素驱动的程度显著高于大学生生存型创业者，受生存型创业动机要素驱动的程度显著低于大学生生存型创业者。

上述的数据分析结果初步表明，大学生机会型创业的动机和大学生生存型创业的动机均由自我实现动机（MT）、责任动机（RM）、独立动机（DM）、把握机会动机（HM）、响应政策动机（AM）和生存需求动机（NM）六个动机要素成分构成，但是，每个动机成分对大学生机会型创业的动机和大学生生存型创业的动机的形成的贡献程度不同。为了更进一步明确大学生机会型创业的动机与大学生生存型创业的动机在哪些具体因素上存在差异，我们使用SPSS15.0 软件对717 份机会型创业问卷数据和217 份生存型创业问卷数据进行独立样本 t 检验[①]。结果如下所示。

一、在“独立动机”成分上的差异性检验

本检验主要探寻大学生机会型创业和大学生生存型创业在“独立动机”成分上是否存在显著性差异，结果如表4－16 所示。

表4－16　独立动机各维度变异数相等 Levene 检验和平均数相等 t 检验

		变异数相等 Levene 检验		平均数相等 t 检验	
		F 检定	显著性	t	显著性（双尾）
d1	假设变异数相等	3.687	0.055	3.111	0.002
	不假设变异数相等			2.982	0.003
d2	假设变异数相等	6.521	0.011	2.462	0.014
	不假设变异数相等			2.401	0.017
d3	假设变异数相等	2.613	0.106	2.296	0.022
	不假设变异数相等			2.251	0.025

注：表中代码含义同表4－5。

① 阿贝（Abbey，2002）使用独立样本 t 检验来判定不同文化背景下的创业动机之间存在的显著性差异，本研究借鉴阿贝（2002）的做法，使用独立样本 t 检验的方法来探询两种不同类型创业者的动机之间的显著性差异。具体参见 Augustus Abbey. Cross－Cultural Comparison of the Motivation for Entrepreneurship [J]. Journal of Business and Entrepreneurship，2002，14（1）：69－81.

在“获得个性独立和个人自由（d1）”动机成分方面，F = 3.687，p = 0.055 > 0.05，未达显著水平，可以认为两组变异数相等。在变异数相等的情况下，t = 3.111，p = 0.002，达到0.01显著水平。因此，大学生生存型创业和机会型创业在“获得个性独立和个人自由（d1）”动机上存在显著的差异。大学生机会型创业在“获得个性独立和个人自由（d1）”动机上的均值为3.7601，大学生生存型创业在“获得个性独立和个人自由（d1）”动机上的均值为3.5207，即大学生机会型创业受“获得个性独立和个人自由（d1）”驱动的程度显著高于大学生生存型创业受“获得个性独立和个人自由（d1）”驱动的程度。

在“获得经济独立的机会/积累财富（d2）”动机成分方面，F = 6.521，p = 0.011 < 0.05，达到显著水平，两组变异数相等的假设不成立。在变异数不相等的情况下，t = 2.401，p = 0.014，达到0.05显著水平。因此，大学生生存型创业和机会型创业在“获得经济独立的机会/积累财富（d2）”动机上存在显著的差异。大学生机会型创业在“获得经济独立的机会/积累财富（d2）”动机上的均值为3.9847，大学生生存型创业在“获得经济独立的机会/积累财富（d2）”动机上的均值为3.8106，即大学生机会型创业受“获得经济独立的机会/积累财富（d2）”驱动的程度显著高于大学生生存型创业受“获得经济独立的机会/积累财富（d2）”驱动的程度。

在“自己当老板/主宰自己的命运（d3）”动机成分方面，F = 2.613，p = 0.106 > 0.05，未达显著水平，两组变异数相等的假设成立。在变异数相等的情况下，t = 2.296，p = 0.022，达到0.05显著水平。因此，大学生生存型创业和机会型创业在“自己当老板/主宰自己的命运（d3）”动机上存在显著的差异。大学生机会型创业在“自己当老板/主宰自己的命运（d3）”动机上的均值为3.9495，大学生生存型创业在“自己当老板/主宰自己的命运（d3）”动机上的均值为3.7880，即大学生机会型创业受“自己当老板/主宰自己的命运（d3）”驱动的程度显著高于大学生生存型创业受“自己当老板/主宰自己的命运（d3）”驱动的程度（见表4－17）。

表4－17　独立动机各维度均值差异性检验结果

	类型	有效样本	平均值	标准差	t检验
d1	机会型创业	717	3.7601	0.97363	3.111**
	生存型创业	217	3.5207	1.05444	

续表

	类型	有效样本	平均值	标准差	t 检验
d2	机会型创业	717	3.9847	0.90223	2.401 *
	生存型创业	217	3.8106	0.94581	
d3	机会型创业	717	3.9495	0.90019	2.296 *
	生存型创业	217	3.7880	0.93355	

注：a * 表示 $P<0.05$；** 表示 $P<0.01$

b 表中代码含义同表 4－5。

总体说来，大学生机会型创业与生存型创业在“独立动机”成分上存在显著差异。相比较而言，大学生机会型创业受“独立动机”成分驱动的程度显著高于大学生生存型创业受“独立动机”成分驱动的程度。

二、在“自我实现动机”成分上的差异性检验

本检验主要探寻大学生机会型创业和大学生生存型创业在“自我实现动机”成分上是否存在显著性差异，结果如表 4－18 所示。

表 4－18　自我实现动机各维度变异数相等 Levene 检验和平均数相等 t 检验

		变异数相等 Levene 检验		平均数相等 t 检验	
		F 检定	显著性	t	显著性（双尾）
s1	假设变异数相等	8.260	0.004	3.218	0.001
	不假设变异数相等			3.096	0.002
s2	假设变异数相等	0.530	0.467	2.007	0.045
	不假设变异数相等			1.970	0.050
s3	假设变异数相等	10.324	0.001	3.868	0.000
	不假设变异数相等			3.641	0.000
s4	假设变异数相等	2.093	0.148	2.097	0.036
	不假设变异数相等			2.029	0.043

注：表中代码含义同表 4－5。

在“让自己的知识和经验学有所用（s1）”动机成分方面，$F=8.260$，$p=0.004<0.05$，达到显著水平，两组变异数相等的假设不成立。在变异数不相等的情况下，$t=3.096$，$p=0.002$，达到 0.01 显著水平。因此，大学生生存型创业和机会型创业在“让自己的知识和经验学有所用（s1）”动机上存在

显著的差异。大学生机会型创业在“让自己的知识和经验学有所用（s1）”动机上的均值为3.9483，大学生生存型创业在“让自己的知识和经验学有所用（s1）”动机上的均值为3.7189，即，大学生机会型创业受“让自己的知识和经验学有所用（s1）”驱动的程度显著高于大学生生存型创业受“让自己的知识和经验学有所用（s1）”驱动的程度。

在“证明自己的能力与才华（s2）”动机成分方面，$F=0.530$，$p=0.467>0.05$，未达显著水平，两组变异数相等的假设成立。在变异数相等的情况下，$t=2.007$，$p=0.045$，达到0.05显著水平。因此，大学生生存型创业和机会型创业在“证明自己的能力与才华（s2）”动机上存在显著的差异。大学生机会型创业在“证明自己的能力与才华（s2）”动机上的均值为4.0195，大学生生存型创业在“证明自己的能力与才华（s2）”动机上的均值为3.8802，即，大学生机会型创业受“证明自己的能力与才华（s2）”驱动的程度显著高于大学生生存型创业受“证明自己的能力与才华（s2）”驱动的程度。

在“挑战自我／不甘平庸（s3）”动机成分方面，$F=10.324$，$p=0.001<0.05$，达到显著水平，两组变异数相等的假设不成立。在变异数不相等的情况下，$t=3.641$，$p=0.000$，超过0.01显著水平。因此，大学生生存型创业和机会型创业在“挑战自我／不甘平庸（s3）”动机上存在显著的差异。大学生机会型创业在“挑战自我／不甘平庸（s3）”动机上的均值为4.0558，大学生生存型创业在“挑战自我／不甘平庸（s3）”动机上的均值为3.7880，即，大学生机会型创业受“挑战自我／不甘平庸（s3）”驱动的程度显著高于大学生生存型创业受“挑战自我／不甘平庸（s3）”驱动的程度。

在“获得更高的社会地位和声望（s4）”动机成分方面，$F=2.093$，$p=0.148>0.05$，未达显著水平，两组变异数可视为相等。在变异数相等的情况下，$t=2.097$，$p=0.036$，达到0.05显著水平。因此，大学生生存型创业和机会型创业在“获得更高的社会地位和声望（s4）”动机上存在显著的差异。大学生机会型创业在“获得更高的社会地位和声望（s4）”动机上的均值为3.8434，大学生生存型创业在“获得更高的社会地位和声望（s4）”动机上的均值为3.6866，即，大学生机会型创业受“获得更高的社会地位和声望（s4）”驱动的程度显著高于大学生生存型创业受“获得更高的社会地位和声望（s4）”驱动的程度（见表4－19）。

表 4－19　　　　自我实现动机各维度均值差异性检验结果

	类型	有效样本	平均值	标准差	t 检验
s1	机会型创业	717	3.9483	0.90397	3.096**
	生存型创业	217	3.7189	0.97147	
s2	机会型创业	717	4.0195	0.88889	2.007*
	生存型创业	217	3.8802	0.92016	
s3	机会型创业	717	4.0558	0.86825	3.641**
	生存型创业	217	3.7880	0.97242	
s4	机会型创业	717	3.8434	0.95023	2.097*
	生存型创业	217	3.6866	1.01080	

注：a * 表示 P<0.05；** 表示 P<0.01；b 表中代码含义同表 4－5。

总体说来，大学生机会型创业与生存型创业在“自我实现动机”成分上存在显著性差异。相比较而言，大学生机会型创业受“自我实现动机”成分驱动的程度显著高于大学生生存型创业受“自我实现动机”成分驱动的程度。

三、在“责任动机”成分上的差异性检验

本检验主要探寻大学生机会型创业和大学生生存型创业在“责任动机”成分上是否存在显著性差异，结果如表 4－20 所示。

表 4－20　　责任动机各维度变异数相等 Levene 检验和平均数相等 t 检验

		变异数相等 Levene 检验		平均数相等 t 检验	
		F 检定	显著性	t	显著性（双尾）
r1	假设变异数相等	0.436	0.509	2.729	0.006
	不假设变异数相等			2.699	0.007
r2	假设变异数相等	3.714	0.054	2.764	0.006
	不假设变异数相等			2.916	0.004
r3	假设变异数相等	3.985	0.046	1.029	0.304
	不假设变异数相等			0.998	0.319
r4	假设变异数相等	17.866	0.000	2.450	0.014
	不假设变异数相等			2.288	0.023

注：表中代码含义同表 4－5。

在“为社会创造就业岗位（r1）”动机成分方面，F＝0.436，p＝0.509 >

0.05，未达到显著水平，两组变异数可视为相等。在变异数相等的情况下，t=2.729，p=0.006，超过0.01显著水平。因此，大学生生存型创业和机会型创业在“为社会创造就业岗位（r1）”动机上存在显著的差异。大学生机会型创业在“为社会创造就业岗位（r1）”动机上的均值为3.5523，大学生生存型创业在“为社会创造就业岗位（r1）”动机上的均值为3.3456，即，大学生机会型创业受“为社会创造就业岗位（r1）”驱动的程度显著高于大学生生存型创业受“为社会创造就业岗位（r1）”驱动的程度。

在“为国家和社会发展做更大贡献（r2）”动机成分方面，F=3.714，p=0.054>0.05，未达显著水平，两组变异数相等的假设成立。在变异数相等的情况下，t=2.764，p=0.006，达到0.01显著水平。因此，大学生生存型创业和机会型创业在“为国家和社会发展做更大贡献（r2）”动机上存在显著的差异。大学生机会型创业在“为国家和社会发展做更大贡献（r2）”动机上的均值为3.6206，大学生生存型创业在“为国家和社会发展做更大贡献（r2）”动机上的均值为3.4147，即，大学生机会型创业受“为国家和社会发展做更大贡献（r2）”驱动的程度显著高于大学生生存型创业受“为国家和社会发展做更大贡献（r2）”驱动的程度。

在“为自己及家人创造就业岗位（r3）”动机成分方面，F=3.985，p=0.046<0.05，达到显著水平，两组变异数相等的假设不成立。在变异数不相等的情况下，t=0.998，p=0.319，未达到显著水平。因此，大学生生存型创业和机会型创业在“为自己及家人创造就业岗位（r3）”动机上不存在显著的差异。尽管大学生机会型创业在“为自己及家人创造就业岗位（r3）”动机上的均值为3.8043，大学生生存型创业在“为自己及家人创造就业岗位（r3）”动机上的均值为3.7281，但是，大学生机会型创业受“为自己及家人创造就业岗位（r3）”驱动的程度与大学生生存型创业受“为自己及家人创造就业岗位（r3）”驱动的程度上并不存在显著差异。

在“增加与自己有关的人的福利水平（r4）”动机成分方面，F=17.866，p=0.000<0.05，达到显著水平，两组变异数相等的假设不成立。在变异数不相等的情况下，t=2.288，p=0.023，达到0.05显著水平。因此，大学生生存型创业和机会型创业在“增加与自己有关的人的福利水平（r4）”动机上存在显著的差异。大学生机会型创业在“增加与自己有关的人的福利水平（r4）”动机上的均值为3.9049，大学生生存型创业在“增加与自己有关的人的福利水平（r4）”动机上的均值为3.7281，即，大学生机会型创业受“增加与自己有关的人的福利水平（r4）”驱动的程度显著高于大学生生存型创业受

"增加与自己有关的人的福利水平（r4）"驱动的程度（见表4-21）。

表4-21 责任动机各维度均值差异性检验结果

	类型	有效样本	平均值	标准差	t检验
r1	机会型创业	717	3.5523	0.97259	2.729**
	生存型创业	217	3.3456	0.99321	
r2	机会型创业	717	3.6206	0.98225	2.764**
	生存型创业	217	3.4147	0.88890	
r3	机会型创业	717	3.8043	0.94295	0.998
	生存型创业	217	3.7281	0.99759	
r4	机会型创业	717	3.9049	0.90123	2.288*
	生存型创业	217	3.7281	1.02505	

注：a * 表示 $P<0.05$；** 表示 $P<0.01$；无 * 的斜体字部分表示未达到显著水平。
b 表中代码含义同表4-5。

总体说来，大学生机会型创业与生存型创业在"责任动机"成分上的表现存在一定的分化。大学生机会型创业与生存型创业在"社会责任动机"（r1、r2、r4 主要表现为对社会和他人的责任感）上存在显著差异。相比较而言，大学生机会型创业受"社会责任动机"驱动的程度显著高于大学生生存型创业受"社会责任动机"驱动的程度。然而，大学生机会型创业在"家庭责任动机"（r3，主要表现为对自己和家庭的责任感）上的平均值为3.8043，虽然高于生存型创业在"家庭责任动机"（r3）上的均值3.7281，但是，两者并不存在显著性差异。

四、在"生存需求动机"成分上的差异性检验

本检验主要探寻大学生机会型创业和大学生生存型创业在"生存需求动机"成分上是否存在显著性差异，结果如表4-22所示。

表4-22 生存需求动机各维度变异数相等 Levene 检验和平均数相等 t 检验

		变异数相等 Levene 检验		平均数相等 t 检验	
		F 检定	显著性	t	显著性（双尾）
n1	假设变异数相等	1.816	0.178	-2.202	0.028
	不假设变异数相等			-2.178	0.030

续表

		变异数相等 Levene 检验		平均数相等 t 检验	
		F 检定	显著性	t	显著性（双尾）
n2	假设变异数相等	0.533	0.466	-3.733	0.000
	不假设变异数相等			-3.876	0.000
n3	假设变异数相等	0.496	0.481	-0.957	0.339
	不假设变异数相等			-0.984	0.326

注：表中代码含义同表4-5。

在“工作不满意／工作前景不乐观（n1）”动机成分方面，F=1.816，p=0.178>0.05，未达显著水平，两组变异数相等的假设成立。在变异数相等的情况下，t=-2.202，p=0.028，达到0.05显著水平。因此，大学生生存型创业和机会型创业在“工作不满意／工作前景不乐观（n1）”动机上存在显著的差异。大学生机会型创业在“工作不满意／工作前景不乐观（n1）”动机上的均值为3.1578，大学生生存型创业在“工作不满意／工作前景不乐观（n1）”动机上的均值为3.3272，即，大学生机会型创业受“工作不满意／工作前景不乐观（n1）”驱动的程度显著低于大学生生存型创业受“工作不满意／工作前景不乐观（n1）”驱动的程度。

在“找不到合适的工作／失业（n2）”动机成分方面，F=0.533，p=0.466>0.05，未达显著水平，两组变异数相等的假设成立。在变异数相等的情况下，t=-3.733，p=0.000，超过0.01显著水平。因此，大学生生存型创业和机会型创业在“找不到合适的工作／失业（n2）”动机上存在显著的差异。大学生机会型创业在“找不到合适的工作／失业（n2）”动机上的均值为3.0949，大学生生存型创业在“找不到合适的工作／失业（n2）”动机上的均值为3.3871，即，大学生机会型创业受“找不到合适的工作／失业（n2）”驱动的程度显著低于大学生生存型创业受“找不到合适的工作／失业（n2）”驱动的程度。

在“比就业多挣些钱用于养家糊口（n3）”动机成分方面，F=0.496，p=0.481>0.05，未达显著水平，两组变异数相等的假设成立。在变异数相等的情况下，t=-0.957，p=0.339，未达到显著水平。因此，大学生生存型创业和机会型创业在“比就业多挣些钱用于养家糊口（n3）”动机上不存在显著的差异。因此，尽管大学生机会型创业在“比就业多挣些钱用于养家糊口（n3）”动机上的均值为3.3690，低于大学生生存型创业在“比就业多挣些钱用于养家糊口（n3）”动机上的均值3.4424，但是，大学生机会型创业在

“比就业多挣些钱用于养家糊口（n3）”驱动的程度与大学生生存型创业受“比就业多挣些钱用于养家糊口（n3）”驱动的程度上并不存在显著的差异（见表4－23）。

表4－23　生存需求动机各维度均值差异性检验结果

	类型	有效样本	平均值	标准差	t检验
n1	机会型创业	717	3.1578	0.98817	－2.202*
	生存型创业	217	3.3272	1.00869	
n2	机会型创业	717	3.0949	1.02588	－3.733**
	生存型创业	217	3.3871	0.95618	
n3	机会型创业	717	3.3690	1.00177	－0.957
	生存型创业	217	3.4424	0.95144	

注：a＊表示 $P<0.05$；＊＊表示 $P<0.01$；无＊的斜体字部分表示未达到显著水平。
b表中代码含义同表4－5。

总体说来，大学生机会型创业与生存型创业在“生存需求动机”成分上的表现存在一定的分化。大学生机会型创业与生存型创业在“工作前景不好与工作不满意（n1）”及“找不到合适的工作／失业（n2）”上存在显著差异。相比较而言，大学生机会型创业受“工作不满或失业”“工作前景不好与工作不满意”驱动的程度显著低于大学生生存型创业受“独立动机”驱动的程度。虽然，大学生生存型创业在“比就业挣更多的钱”动机上均值高于大学生机会型创业在“比就业挣更多的钱”动机上均值，但两者的差异并不显著。

五、在“响应政策动机”成分上的差异性检验

本检验主要探寻大学生机会型创业和大学生生存型创业在“响应政策动机”成分上是否存在显著性差异，结果如表4－24所示。

表4－24　响应政策动机各维度变异数相等 Levene 检验和平均数相等 t 检验

		变异数相等 Levene 检验		平均数相等 t 检验	
		F检定	显著性	t	显著性（双尾）
a1	假设变异数相等	0.002	0.968	0.849	0.396
	不假设变异数相等			0.844	0.399
a2	假设变异数相等	2.826	0.093	2.019	0.044
	不假设变异数相等			2.057	0.040

注：表中代码含义同表4－5。

在"响应国家和学校的创业号召（a1）"动机成分方面，F＝0.002，p＝0.968＞0.05，未达显著水平，两组变异数相等的假设成立。在变异数相等的情况下，t＝0.849，p＝0.396，未达到显著水平。因此，大学生生存型创业和机会型创业在"响应国家和学校的创业号召（a1）"动机上不存在显著的差异。因此，尽管大学生机会型创业在"响应国家和学校的创业号召（a1）"动机上的均值为3.0934，高于大学生生存型创业在"响应国家和学校的创业号召（a1）"动机上的均值3.0276，但是，大学生机会型创业在"响应国家和学校的创业号召（a1）"驱动的程度与大学生生存型创业受"响应国家和学校的创业号召（a1）"驱动的程度上不存在显著的差异。

在"享受国家税收减免等优惠政策（a2）"动机成分方面，F＝2.826，p＝0.093＞0.05，未达显著水平，两组变异数相等的假设成立。在变异数相等的情况下，t＝2.019，p＝0.044，达到0.05显著水平。因此，大学生生存型创业和机会型创业在"享受国家税收减免等优惠政策（a2）"动机上存在显著的差异。大学生机会型创业在"享受国家税收减免等优惠政策（a2）"动机上的均值为3.2279，大学生生存型创业在"享受国家税收减免等优惠政策（a2）"动机上的均值为3.0737，即，大学生机会型创业受"享受国家税收减免等优惠政策（a2）"驱动的程度显著高于大学生生存型创业受"享受国家税收减免等优惠政策（a2）"驱动的程度（见表4－25）。

表4－25　响应政策动机各维度各维度均值差异性检验结果

	类型	有效样本	平均值	标准差	t检验
a1	机会型创业	717	3.0934	0.99772	0.849
	生存型创业	217	3.0276	1.00884	
a2	机会型创业	717	3.2279	0.99288	2.019*
	生存型创业	217	3.0737	0.95941	

注：a＊表示P＜0.05；无＊的斜体字部分表示未达到显著水平。
b表中代码含义同表4－5。

总体说来，大学生机会型创业与生存型创业在"响应政策动机"成分上的表现存在一定的分化。大学生机会型创业与生存型创业在"响应国家和学校的创业号召（a1）"动机上均值不同，但并不存在显著性差异。相比较而言，大学生机会型创业受"享受国家税收减免等优惠政策（a2）"驱动的程度显著高于大学生生存型创业受"享受国家税收减免等优惠政策"驱动的程度。

六、在“把握机会动机”成分上的差异性检验

本检验主要探寻大学生机会型创业和大学生生存型创业在“把握机会动机”成分上是否存在显著差异，结果如表 4 - 26 所示。

表 4 - 26　把握机会动机各维度变异数相等 Levene 检验和平均数相等 t 检验

		变异数相等 Levene 检验		平均数相等 t 检验	
		F 检定	显著性	t	显著性（双尾）
h1	假设变异数相等	0.100	0.752	3.846	0.000
	不假设变异数相等			3.797	0.000
h2	假设变异数相等	0.013	0.910	3.022	0.003
	不假设变异数相等			2.976	0.003

注：表中代码含义同表 4 - 5。

在“看到商机 / 有好的创业项目（h1）”动机成分方面，F = 0.10，p = 0.752 > 0.05，未达显著水平，可以认为两组变异数相等。在变异数相等的情况下，t = 3.846，p = 0.000，超过 0.01 显著水平。因此，大学生生存型创业和机会型创业在“看到商机 / 有好的创业项目（h1）”动机上存在显著的差异。大学生机会型创业在“看到商机 / 有好的创业项目（h1）”动机上的均值为 3.6744，高于大学生生存型创业在“看到商机 / 有好的创业项目（h1）”动机上的均值 3.3917，即，大学生机会型创业受“看到商机 / 有好的创业项目（h1）”驱动的程度显著高于大学生生存型创业受“看到商机 / 有好的创业项目（h1）”驱动的程度。

在“别人创业成功的示范和激励（h2）”动机成分方面，F = 0.013，p = 0.910 > 0.05，未达显著水平，两组变异数相等的假设成立。在变异数相等的情况下，t = 3.022，p = 0.003，超过 0.01 显著水平。因此，大学生生存型创业和机会型创业在“别人创业成功的示范和激励（h2）”动机上存在显著的差异。大学生机会型创业在“别人创业成功的示范和激励（h2）”动机上的均值为 3.5292，大学生生存型创业在“别人创业成功的示范和激励（h2）”动机上的均值为 3.3108，即，大学生机会型创业受“别人创业成功的示范和激励（h2）”驱动的程度显著高于大学生生存型创业受“别人创业成功的示范和激励（h2）”驱动的程度（见表 4 - 27）。

表 4-27　　把握机会动机各维度各维度均值差异性检验结果

	类型	有效样本	平均值	标准差	t 检验
h1	机会型创业	717	3.6744	0.94336	3.846**
	生存型创业	217	3.3917	0.96634	
h2	机会型创业	717	3.5292	0.92633	3.022**
	生存型创业	217	3.3108	0.95315	

注：a * 表示 $P<0.05$；** 表示 $P<0.01$；b 表中代码含义同表 4-5。

总体说来，大学生机会型创业与生存型创业在“把握机会动机”成分上存在显著差异。相比较而言，大学生机会型创业受“把握机会动机”驱动的程度显著高于大学生生存型创业受“把握机会动机”驱动的程度。

第七节　本 章 小 结

本次数据分析的结果验证了威廉姆斯等（2006）、吉亚考民等（2011a）；王玉帅（2008）等的理论与实证观点，即，生存型动机和机会型动机交织体现在创业者身上，很难清晰区分创业者的创业是出于生存型动机还是机会型动机。本研究的实证结果表明，大学生生存型创业和机会型创业的动机均由自我实现动机（MT）、责任动机（RM）、独立动机（DM）、把握机会动机（HM）、响应政策动机（AM）和生存需求动机（NM）六个动机要素成分构成。生存需求动机在大学生机会型创业的动机中也有所体现，尽管在六个创业动机要素成分中所占重要性程度最低，但生存需求动机对大学生机会型创业动机的贡献程度亦达到 0.32，显著性水平大于 0.01。而大学生生存型创业动机中亦包含机会型创业动机，责任动机、自我实现动机、响应政策动机、独立动机、把握机会动机对大学生生存型创业动机的影响值分别为 0.82、0.67、0.63、0.62、0.56，显著性水平皆高于 0.01。即使是大学生生存型创业的动机，与其他动机成分相比较，受生存需求驱动的程度亦不高，为 0.52。另外，我们也发现，响应政策动机在大学生机会型创业动机组成成分中的作用程度并不大（0.39），仅略高于生存需求动机的影响程度（0.32）。机会型创业更多地受自我实现动机、责任动机、独立动机等个体内在特质性内生动机的驱动。正如卢瑟杰和弗兰克（Luthje & Franke，2003）所认为，人的个性特质是比较稳定和顽固的，不可能在短期内得到改变。政府与大学的一些政策对于那些基于创业环境的创业者产生影响，但是，对于那些基于个体创业特质的创业者来说影响并不重要。

另一方面，本研究亦发现，虽然大学生机会型创业的动机和大学生生存型创业的动机均由自我实现动机、责任动机、独立动机、把握机会动机、响应政策动机和生存需求动机六个动机要素成分构成，但是，大学生机会型创业与生存型创业在上述六个创业驱动因素上存在显著性差异。总体来看，大学生机会型创业受自我实现动机、责任动机、独立动机、把握机会动机、响应政策动机五个创业动机要素成分的驱动程度显著高于大学生生存型创业受上述五个创业动机要素成分的驱动程度；而大学生生存型创业受生存需求动机驱动的程度显著高于大学生机会型创业受生存需求动机驱动的程度。

第五章

大学生生存型与机会型创业动机影响因素及认知差异性分析

本章先探讨大学生自主性程度、创业教育、创业牵涉程度、创业自我效能感、感知创业风险、创业者社会保障水平共同影响大学生自我实现动机和创业责任动机。然后，进一步并使用 SPSS15.0 软件对大学生机会型创业和生存型创业问卷数据进行独立样本 T 检验，以实证检验生存型创业与机会型创业大学生在自主性程度、创业教育、创业牵涉程度、创业自我效能感、感知创业风险、创业者社会保障水平等创业动机内外在影响因素的认知上是否存在显著性差异。

第一节　影响创业动机的内在特质因素和外在环境因素

基于本研究"认知创业动机理论分析框架"，参考前文的文献综述相关结论，我们从个体因素、创业环境因素和创业认知因素三个方面出发，根据我国大学生成长经历及创业环境的特点，结合大学生创业者的深度访谈（见附录一）的结果，选择自主性、创业牵涉程度、创业教育、创业者社会保障、创业风险、创业自我效能感等因素，以及创业责任动机和自我实现动机要素，构建大学生创业动机影响机制研究模型，提出了相应的研究假设，并获得了问卷调查数据的支持。

一、创业动机的影响因素概述

如前文所述，早期的创业研究分别从创业者个体特质着手，试图探究创业动机，但研究效果不太明确（Herron & Sapienza，1992；Shaver & Scott，1991）。另外一些学者试图从环境和境况方面寻找创业动机因素，同样地，研究的效果亦难以能令人信服（Krueger et al.，2000；Gerry，2005）。其实，人的任何行为都是个体与环境交互作用的结果（Mischel，1968；Shaver & Scott，1991；Gerry et al.，2005），那些影响创业行为的个体特质也不可能游离于环境之外（Turker & Selcuk，2009）。因此，不仅企业家的个性特质对创业动机存在影响（张玉利等，2006），环境因素也深刻影响创业动机（Fereidouni et al.，2010）。可见单纯地从个体特质方面或从环境方面寻找创业的动机，均难以取得令人满意的研究结论。

目前的国内外研究大多认同，创业动机是个性特质因素和环境因素相结合的产物（Suzuki et al.，2002），应该从个体因素（包含了个性特征、社会特征和个体的认知特征因素）和环境因素两个方面探寻创业动机的影响因素（王玉帅，2008）。相应地，影响创业动机的因素包括个体因素、环境因素和认知因素三个方面。①影响创业动机的个体因素。包括风险承担倾向（Gerry et al.，2005；王玉帅，2008；Sivarajah，2013）、乐观主义和追求成就（Robert et al.，2007）等个性特质因素，以及经验、教育、财经状况（Hessels et al.，2008b）和拥有的资源水平（王玉帅，2008）等个体背景因素。②影响创业动机的环境因素。包括经济、社会和政治环境，如，商业环境、创业者社会地位、政治环境（Fereidouni et al.，2010）、社会网络（Robertet al.，2007）以及创业政策（王玉帅，2008）等因素。③影响创业动机的认知因素。包括个体对创业认知的渴望性和认知的可行性（自我效能感）（Gerryet al.，2005；王玉帅，2008；Sivarajah，2013），以及个体对经济、社会和政治环境的认知（Fereidouni et al.，2010）等方面的因素。对于大学生创业者来说，影响其创业动机的因素同样来自于个性特质、个人背景、家庭背景、社交网络、大学环境、社会环境（江海燕，2008），政府政策法规、社会宏观经济文化、资金支持和学校创业支持条件（李洪波和牛昕，2013），以及社会文化和商业氛围、社会网络支持（周勇等，2014）等个体和环境方面的因素。

现有文献虽然开发出个体因素、环境因素和认知因素等多方面的创业动机影响因素，但是在现有的国内外创业动机研究文献成果中，个体因素、环境因素和认知因素之间的关系，以及三者共同影响创业动机的内在机制尚未得以明晰。

二、自我效能感对创业动机的影响

自我效能感对创业意向有显著影响（Arenius & Minniti，2005），可以很好地鉴别和区分创业者与非创业者（Chen et al.，1998；Noble et al.，1999）。在两种经典创业模型中，自我效能均为构成要素，SEE 模型中对应为感知的可行性（perceived feasibility），TPB 模型中对应为感知的行为控制（perceived behavioral control）。克鲁格等（2000）利用 97 名商学院大学生样本来比较阿杰森和沙皮罗-克鲁格（Ajzen & Shapero - Krueger）的创业行为模型，感知的可行性对创业行为的预测均获得数据的支持。沙皮罗和索科尔（Shapero & Sokol，1982）、克鲁格（1993）、埃里克森（Erikson，2001）等研究表明，感知的可行性能很好地预测创业行为。梁靓（2009）认为核心能力是机会型创业者创业动机产生的主要原因，机会型创业者在创业前就发现或拥有了自己的核心能力，并从中觉察到了蕴藏的商业机会，从而产生了创业的想法。何志聪（2005）认为，个性特质、环境因素和组织创业能力对创业动机产生直接影响。在大学生创业研究领域，克里斯蒂安森和印达尔蒂（Kristiansen & Indarti，2004）实证研究表明，挪威和印度尼西亚大学生的自我效能感对创业意向存在显著的影响。利南和桑托斯（Liñán & Santos，2007）、赛奎亚等（Sequeira et al.，2007）均以大学生为研究对象，探寻出可行性感知/自我效能感对创业意向存在显著影响。吉亚考民等（2011b）在探讨的 5 国大学生创业动机时发现，缺少创业胜任力、缺乏自信心、风险是阻碍大学生创业的重要因素，风险大和缺乏创业竞争力是中国大学生创业的第 2 大和第 4 大阻碍因素[①]。沙弗和斯科特（Shaver & Scott，1991）指出，经济环境、市场、金融、甚至是政府部门的帮助诚然重要，但这些因素并不能创造企业。我们需要的是能够将上述要素组合起来、相信创造的可能性并有追求创造企业的动机的人。格里等（Gerry et al.，2005）认为创业者在决定创办企业之前会先明确两个基本问题：一是“创业能够获得好的结果吗?”；二是“创业对于我来说可行吗?”创业是个体的一个认知过程，个体对可能性大、带来好的结果的行为产生积极的态度，当个体觉得创办企业是可行的、能够实施的，他才会选择创业。此处，可行性类似于自我效能感，是个体针对特定行为自身的胜任能力的主观评价，存在于人们的内心但是又受到环境的影响。

综上所述，创业自我效能感在创业过程中对创业意向、创业行为所起的关键性作用得到了研究者的广泛认可。但是，如前所述，由于现有创业动机理论

① 根据吉亚考民等（2011b）的研究，中国大学生关注的创业阻碍因素的重点依次为缺少启动资金、风险大、经济形势不景气、缺乏创业竞争力、缺少商业创意、缺乏商业界和市场知识等。参见 Olivier Giacomin，Frank Janssen，Mark Pruett，Rachel S. Shinnar，Francisco Llopis & Bryan Toney. Entrepreneurial intentions，motivations and barriers：Differences among American，Asian and European students [J]. Int Entrep Manag J（2011b）7（2）：219-238.

的局限性，创业自我效能感对创业动机存在决定性的影响作用并没有得到国内外研究者的关注。本研究基于“认知创业动机理论分析框架”提出了创业自我效能感对个体的创业动机存在决定性影响的研究推论，并且利用问卷调查数据证实，大学生创业自我效能感对大学生的创业责任动机和自我实现动机存在显著的正向影响。

三、创业者社会保障、创业风险对创业动机的影响

国外研究者海瑟尔斯等（Hessels et al.，2008b）发现，社会保障或高福利国家，个体更倾向于追求自由、独立等创业动机；而社会保障水平低或低福利国家，创业者必须通过自己的企业获取更多的利润或生存必需品，个体创业动机更倾向于生存需求或财富增长。国内学者薛红志等（2003）认为，发展中国家，社会保障体系不健全，为了谋生很多人被迫开展创业活动。多数发达国家（尤其是北欧国家）具有完善的市场体系、健全的融资体系以及完备的社会保障体系，为机会拉动型企业家提供了比发展中国家更好的创业环境。不仅如此，社会保障程度越高，企业家需求层次就越高；反之亦然。因此，社会保障水平越高，机会拉动型企业家精神指数就越高；社会保障水平越低，贫穷推动型企业家精神指数就越高。

创业风险是影响创业的重要因素，个体感知创业风险越高，个体所预期的创业所得越低，对创业决策有显著负面影响（Robinson，2010），完善的社会保障可以在一定程度上促进个体的风险承担意向（Sinn，1996）。陈震红和董俊武（2007）；马昆姝等（2010）实证研究表明，感知创业风险对个体创业决策存在显著的负面影响。海瑟尔斯等（2007）认为，社会保障体系为创业失败者提供了安全网，促进了个体的创业意向。因此，个体对风险的态度与社会保障有关，享受社会保障可以降低个体的绝对风险，从而使得个体乐于承担风险，应该将创业者纳入社会保障体系（Wagener，2007）。

然而，上述研究者没有从理论上深入分析也没有实证分析创业风险、创业社会保障与创业动机三者之间的内在关系。本研究基于“认知创业动机理论分析框架”认为，大学生感知创业风险越大，其创业自我效能感越低；创业者社会保障水平越高，大学生的感知创业风险越低。因而，创业者社会保障通过降低大学生感知创业风险，提升大学生创业自我效能感，进而作用于大学生创业动机。本研究的实证分析表明，大学生感知创业风险越大对创业自我效能感有显著负向影响，影响系数为 -0.13，t 值为 -3.76，达到 0.01 的显著水平；创

业者社会保障水平对大学生创业感知风险存在显著的负向影响，即针对大学生创业者的社会保障水平越高，大学生创业者的感知的创业风险就越小，影响系数为 -0.14，t 值为 -3.39，达到过 0.01 的显著水平。

四、成长经历对创业动机的影响

个体的成长经历，例如，是否接受过良好的创业教育等对创业所需要的素质和技能的养成存在深刻的影响。国内有研究认为，创业教育对于创业自我效能存在显著的影响（王圣宪，2009）。国外学者巴苏和维里克（Basu & Virick，2008）实证研究也表明，创业教育对大学生创业自我效能产生显著影响。先前的创业经验，无论是自己创业实践还是家庭成员的创业经验传播都明确影响大学生的创业自我效能。尤其是，直接的创业经验能给大学生带来很强的创业自信心。穆勒和托马斯（Mueller & Thomas，2001）认为，对个体进行商业运作方面的教育（创业教育）不仅可以提高个体的创业技能，更能够培育个体的自信、自立、创造和自由思想。大学生自主性越强，其创业自我效能感越高。同样地，创业教育和创业牵涉程度对大学生创业自我效能感有显著的正向影响。本书在前期的研究中①，创业教育水平对大学生创业意向有显著、直接的正向影响，影响系数为 0.15，t = 3.56。创业牵涉程度对大学生创业意向有显著、直接的正向影响，影响系数为 0.12，t = 2.90。自主性对创业意向存在显著、间接的正向影响，影响系数为 0.22，t = 8.27。本研究的实证分析表明，创业牵涉程度、创业教育、自主性对大学生创业自我效能感存在显著的正向影响，影响系数分别为 0.21、0.21、0.53，t 值分别为 3.99、4.25、12.81，均超过 0.01 的显著水平。自主性程度对大学生自我实现的动机存在显著的正向影响，影响系数为 0.62，t 值为 13.90，达到 0.01 的显著水平。自我实现动机、自主性程度、创业自我效能感对创业责任动机存在显著的正向影响，影响系数分别为 0.69、0.65、0.10，t 值分别为 12.38、13.74、2.57，均达到 0.01 或 0.05 的显著水平。

综上所述，基于“认知创业动机理论分析框架”，结合中国大学生特点，本研究选取了自主性、创业牵涉程度、创业教育、创业者社会保障、创业风险、创业自我效能感等因素，以及创业责任动机和自我实现动机等研究变量，构建了个体因素、环境因素和认知因素影响大学生创业动机的概念模型，提出

① 详见本书作者以第一作者发表于《复旦教育论坛》2012 年第 1 期上的论文，《人大复印资料》2012 年第 5 期全文转载。

了上述因素影响大学生创业动机的内在机制的相关研究假设，并利用问卷调查数据证实，①大学生自主性越强，其创业的责任动机越强；②大学生自主性越强，其自我实现需要越强；③大学生自主性越强，其创业自我效能感越高；④大学生创业自我效能感越强，其创业责任动机越强；⑤大学生自我实现需要越强，其创业责任动机越强；⑥大学生感知创业风险越大，其创业自我效能感越低；⑦创业者社会保障水平越高，大学生的感知创业风险越低；⑧创业教育和创业牵涉程度对大学生创业自我效能感有显著的正向影响。从而，从理论与实证上厘清了个体因素、环境因素和认知因素影响大学生创业动机的内在机制。

第二节　生存型与机会型创业大学生的认知差异性检验

上面的研究表明，大学生自主性程度、创业教育、创业牵涉程度、创业自我效能感、感知创业风险、创业者社会保障水平共同影响大学生自我实现动机和创业责任动机。那么，生存型创业大学生与机会型创业大学生在创业牵涉程度、创业教育、创业者社会保障水平、自主性、创业自我效能感、感知创业风险等创业动机内外影响因素的认知上是否存在差异性？为此，我们使用前文的792 份有效问卷数据，运用 SPSS15. 0 软件对 616 份机会型创业和 176 份持生存型创业大学生的样本数据进行独立样本 t 检验①，数据分析结果见下文。

下文各表格中的代码含义如下：我了解一些企业家的创业经历（qs1）、我与同辈人中创业者常有交往（qs2）、我与亲戚朋友中的创业者常有联系（qs3）、我经常参加与经营管理有关的实践（qs4）、我对企业的创建与运行有所了解（qs5）五个测量变量用于测量创业牵涉程度（QS）变量；学习过程中能够发挥自己的积极性（zz1）、学习过程中能够发挥自己的主动性（zz2）、学习过程中能够发挥自己的创造性（zz3）、遇到问题我有自己的主见（zz4）、遇到问题我喜欢靠自己解决（zz5）五个测量变量用于测量自主性（ZZ）变量；我很想为社会创造就业岗位（zr1）、我很想为经济社会发展做更大贡献（zr2）、我很想改善父母和家人的生活质量（zr3）、我很想带领亲戚朋友过上幸福生活（zr4）四个测量变量用于测量创业责任动机（ZR）变量；我在学校

---

① 本研究借鉴阿贝（Abbey，2002）的做法，使用独立样本 t 检验的方法来探寻两种不同类型创业者在创业重要影响变量认知上存在的显著性差异。具体参见 Augustus Abbey. Cross – Cultural Comparison of the Motivation for Entrepreneurship [J]. Journal of Business and Entrepreneurship，2002，14（1）：69 – 81.

学习了系统的创业知识（jy1）、我在学校受过良好的创业思维训练（jy2）、我在学校受过良好的创业能力训练（jy3）、我在学校参加过创业计划模拟实训（jy4）四个测量变量用于测量创业教育（JY）；我很想展示自我（zw1）、我渴望出人头地和光宗耀祖（zw2）、我渴望赢得社会和他人的尊重（zw3）、我渴望实现自己的人生价值（zw4）四个测量变量用于测量自我实现动机（ZW）变量；大学生创业的社保补贴力度太小（sb1）、大学生创业的社保补贴时间太短（sb2）、大学生创业的社会保障制度不完善（sb3）、无力缴纳社保费者得不到社会保障（sb4）四个测量变量用于测量创业社会保障（SB）变量；我担心创业失败带来经济损失（fx1）、我担心创业失败陷入债务危机（fx2）、我担心创业失败生活没有着落（fx3）、我担心创业工作负荷大损害健康（fx4）、创业要损失就业获得的工资和福利（fx5）五个测量变量用于测量感知创业风险（FX）变量；我对自己的创业能力充满自信（kx1）、我能克服成为创业者的大部分困难（kx2）、对我来说创办和经营企业不是难事（kx3）、我创业成功几率会很大（kx4）四个测量变量用于测量创业自我效能感（KX）变量。

一、两种创业类型的大学生对“创业牵涉程度”的认知差异性检验

本检验主要探寻生存型创业大学生与机会型创业大学生在创业牵涉程度上是否存在显著性差异，结果如表 5－1 所示。

表 5－1 创业牵涉程度各维度变异数相等 Levene 检验和平均数相等 t 检验

		变异数相等 Levene 检验		平均数相等 t 检验	
		F 检定	显著性	t	显著性（双尾）
qs1	假设变异数相等	7.471	0.006	3.549	0.000
	不假设变异数相等			3.617	0.000
qs2	假设变异数相等	0.313	0.576	2.088	0.037
	不假设变异数相等			2.088	0.038
qs3	假设变异数相等	0.334	0.563	2.009	0.045
	不假设变异数相等			2.019	0.044
qs4	假设变异数相等	0.394	0.531	2.306	0.021
	不假设变异数相等			2.335	0.020
qs5	假设变异数相等	0.993	0.319	2.213	0.027
	不假设变异数相等			2.225	0.027

在“了解一些企业家的创业经历（qs1）”问题上，F = 7.471，p = 0.006 < 0.05，已达显著水平，可以认为两组变异数不相等。在变异数不相等的情况下，t = 3.617，p = 0.000，超过 0.01 显著水平。因此，生存型创业大学生和机会型创业大学生在“了解一些企业家的创业经历”方面上存在显著的差异。机会型创业大学生在“了解一些企业家的创业经历”上的均值为 3.3247，高于生存型创业大学生在“了解一些企业家的创业经历”上的均值 3.000，即相比较而言，生存型创业大学生比机会型创业大学生更少了解和关注企业家的创业经历。

在“与同辈人中创业者常有交往（qs2）”问题上，F = 0.313，p = 0.576 > 0.05，未达显著水平，可以认为两组变异数相等的假设成立。在变异数相等的情况下，t = 2.088，p = 0.037，达到 0.05 显著水平。因此，生存型创业大学生和机会型创业大学生在“与同辈人中创业者常有交往”方面存在显著的差异。机会型创业大学生在“与同辈人中创业者常有交往”上的均值为 2.7333，生存型创业大学生在“与同辈人中创业者常有交往”上的均值为 2.5398。即是说，尽管机会型创业大学生与生存型创业大学生同创业者交往方面都是欠缺的，但是，相比较而言，生存型创业大学生比机会型创业大学生更少与同辈人中创业者有所交往。

在“与亲戚朋友中的创业者常有联系（qs3）”问题上，F = 0.334，p = 0.563 > 0.05，未达显著水平，可以认为两组变异数相等的假设成立。在变异数相等的情况下，t = 2.009，p = 0.045，达到 0.05 显著水平。因此，生存型创业大学生和机会型创业大学生在“与亲戚朋友中的创业者常有联系”方面存在显著的差异。机会型创业大学生在“与亲戚朋友中的创业者常有联系”上的均值为 2.7732，生存型创业大学生在“与亲戚朋友中的创业者常有联系”上的均值为 2.5909。即是说，尽管机会型创业大学生与生存型创业大学生同亲戚朋友中创业者交往方面都是欠缺的，但是，相比较而言，生存型创业大学生比机会型创业大学生更少与亲戚朋友中的创业者保持联系。

在“经常参加与经营管理有关的实践（qs4）”问题上，F = 0.394，p = 0.531 > 0.05，未达显著水平，可以认为两组变异数相等的假设成立。在变异数相等的情况下，t = 2.306，p = 0.021，达到 0.05 显著水平。因此，生存型创业大学生和机会型创业大学生在“经常参加与经营管理有关的实践”方面存在显著的差异。机会型创业大学生在“经常参加与经营管理有关的实践”上的均值为 2.6228，生存型创业大学生在“经常参加与经营管理有关的实践”上的均值为 2.4091。即是说，尽管机会型创业大学生与生存型创业大学生在

"参加与经营管理有关的实践"方面都是欠缺的，但是，相比较而言，生存型创业大学生比机会型创业大学生更少参加与经营管理有关的实践活动。

在"对企业的创建与运行有所了解（qs5）"问题上，F = 0. 993，p = 0. 319 > 0. 05，未达显著水平，可以认为两组变异数相等的假设成立。在变异数相等的情况下，t = 2. 213，p = 0. 027，达到 0. 05 显著水平。因此，生存型创业大学生和机会型创业大学生在"对企业的创建与运行有所了解"方面存在显著的差异。机会型创业大学生在"对企业的创建与运行有所了解"上的均值为 2. 8274，生存型创业大学生在"对企业的创建与运行有所了解"上的均值为 2. 6250。即是说，尽管大学生机会型创业与大学生生存型创业在"对企业的创建与运行有所了解"方面都是欠缺的，但是，相比较而言，生存型创业大学生比机会型创业大学生对企业创建和运行了解得更少（见表 5 -2）。

表 5 -2　　创业牵涉程度各维度均值差异性检验结果

	类型	有效样本	平均值	标准差	t 检验
qs1	机会型创业	616	3. 3247	1. 07829	3. 617 **
	生存型创业	176	3. 0000	1. 04198	
qs2	机会型创业	616	2. 7333	1. 08459	2. 088 *
	生存型创业	176	2. 5398	1. 08423	
qs3	机会型创业	616	2. 7732	1. 06295	2. 009 *
	生存型创业	176	2. 5909	1. 05437	
qs4	机会型创业	616	2. 6228	1. 08924	2. 306 *
	生存型创业	176	2. 4091	1. 06515	
qs5	机会型创业	616	2. 8274	1. 07143	2. 213 *
	生存型创业	176	2. 6250	1. 06167	

注：* 表示 P < 0. 05；** 表示 P < 0. 01。

总体说来，机会型创业大学生与生存型创业大学生在创业牵涉程度上存在显著差异。相比较而言，机会型创业大学生与创业相关联的程度高于生存型创业大学生。

二、两种创业类型的大学生对"创业教育"的认知差异性检验

本检验主要探寻生存型创业大学生与机会型创业大学生在创业教育评价上是否存在显著性差异，结果如表 5 -3 所示。

表 5 - 3　　创业教育各维度变异数相等 Levene 检验和平均数相等 t 检验

		变异数相等 Levene 检验		平均数相等 t 检验	
		F 检定	显著性	t	显著性（双尾）
jy1	假设变异数相等	1.269	0.260	0.682	0.495
	不假设变异数相等			0.700	0.484
jy2	假设变异数相等	0.166	0.684	0.767	0.444
	不假设变异数相等			0.752	0.453
jy3	假设变异数相等	0.365	0.546	0.238	0.812
	不假设变异数相等			0.233	0.816
jy4	假设变异数相等	1.894	0.169	2.341	0.019
	不假设变异数相等			2.429	0.016

t 检验结果显示，在“在学校参加过创业计划模拟实训（jy4）”问题上，F = 1.894，p = 0.169 > 0.05，未达显著水平，可以认为两组变异数相等的假设成立。在变异数相等的情况下，t = 2.341，p = 0.016，达到 0.05 显著水平。因此，大学生生存型创业和机会型创业大学生“在学校参加过创业计划模拟实训”方面存在显著的差异。大学生机会型创业在“与同辈人中创业者常有交往”上的均值为 2.5552，生存型创业大学生“在学校参加过创业计划模拟实训”上的均值为 2.3125。即是说，尽管机会型创业大学生与生存型创业大学生在学校参加过创业计划模拟实训方面都是欠缺的，但是，与机会型创业大学生相比，生存型创业大学生更欠缺在学校参加创业计划模拟实训。

在创业知识、创业理论学习、创业思维训练方面，机会型创业大学生与生存型创业大学生均持否定态度，对自己在学校所受到的创业教育评价较低（见表 5 - 4）。

表 5 - 4　　创业教育各维度均值差异性检验结果

	类型	有效样本	平均值	标准差	t 检验
jy1	机会型创业	616	2.4675	1.11118	0.682
	生存型创业	176	2.4034	1.05927	
jy2	机会型创业	616	2.5317	1.08223	0.767
	生存型创业	176	2.4602	1.12051	
jy3	机会型创业	616	2.4544	1.09740	0.238
	生存型创业	176	2.4318	1.14438	
jy4	机会型创业	616	2.5552	1.22979	2.341 *
	生存型创业	176	2.3125	1.15093	

注：* 表示 P < 0.05；无 * 的斜体字部分表示未达到显著水平。

总体说来，机会型创业大学生与生存型创业大学生在创业教育评价方面之存在部分显著差异。相比较而言，机会型创业大学生在学校参加创业计划模拟实训多于生存型创业大学生，而在创业理论教育方面的评价不存在显著差异。但是，机会型创业大学生与生存型创业大学生对创业教育水平均持较低的评价。

三、两种创业类型的大学生对“创业自我效能”的认知差异性检

本检验主要探寻生存型创业大学生与机会型创业大学生在创业自我效能感上是否存在显著性差异，结果如表 5 -5 所示。

表 5 -5 创业自我效能感各维度变异数相等 Levene 检验和平均数相等 t 检验

		变异数相等 Levene 检验		平均数相等 t 检验	
		F 检定	显著性	t	显著性（双尾）
kx1	假设变异数相等	0.041	0.840	3.321	0.001
	不假设变异数相等			3.205	0.002
kx2	假设变异数相等	0.086	0.769	3.594	0.000
	不假设变异数相等			3.477	0.001
kx3	假设变异数相等	1.607	0.205	1.412	0.158
	不假设变异数相等			1.381	0.168
kx4	假设变异数相等	2.900	0.089	2.806	0.005
	不假设变异数相等			2.773	0.006

在“对自己的创业能力充满自信（kx1）”问题上，$F = 0.041$，$p = 0.840 > 0.05$，未达显著水平，可以认为两组变异数相等的假设成立。在变异数相等的情况下，$t = 3.321$，$p = 0.001$，超过 0.01 显著水平。因此，生存型创业大学生和机会型创业大学生在“对自己的创业能力充满自信”方面上存在显著的差异。机会型创业大学生在“对自己的创业能力充满自信”上的均值为 3.6428，高于大学生生存型创业在“对自己的创业能力充满自信”上的均值 2.9602，即机会型创业大学生拥有一定的创业自信心，而生存型创业大学生缺乏创业自信心。

在“能克服成为创业者的大部分困难（kx2）”问题上，$F = 0.086$，$p = 0.769 > 0.05$，未达显著水平，可以认为两组变异数相等的假设成立。在变异数相等的情况下，$t = 3.594$，$p = 0.000$，超过 0.01 显著水平。因此，生存型

创业大学生和机会型创业大学生在“能克服成为创业者的大部分困难”方面存在显著的差异。机会型创业大学生在“能克服成为创业者的大部分困难”上的均值为3.2846，生存型创业大学生在“能克服成为创业者的大部分困难”上的均值为2.9773。即是说，机会型创业大学生在一定的程度上相信自己可以克服创业中的大部分困难，而生存型创业大学生对克服创业中的大部分困难没有多少把握。

在“创办和经营企业不是难事（kx3）”问题上，F=1.607，p=0.205>0.05，未达显著水平，可以认为两组变异数相等的假设成立。在变异数相等的情况下，t=1412，p=0.158，未达到显著水平。因此，生存型创业大学生和机会型创业大学生在“创办和经营企业不是难事”方面不存在显著的差异。机会型创业大学生在“创办和经营企业不是难事”上的均值为2.8766，生存型创业大学生在“与亲戚朋友中的创业者常有联系”上的均值为2.7443。即是说，机会型创业大学生与生存型创业大学生对“创办和经营企业不是难事”均持否定态度。

在“如果我去创业，成功几率会很大（kx4）”问题上，F=2.900，p=0.089>0.05，未达显著水平，可以认为两组变异数相等的假设成立。在变异数相等的情况下，t=2.806，p=0.005，超过0.01显著水平。因此，大学生生存型创业和机会型创业大学生在“如果我去创业，成功几率会很大”方面存在显著的差异。机会型创业大学生在“如果我去创业，成功几率会很大”上的均值为3.0308，生存型创业大学生在“如果我去创业，成功几率会很大”上的均值为2.7771。即是说，机会型创业大学生在一定的程度上相信自己可以成功创业，而生存型创业大学生对自己能成功创业没有信心（见表5－6）。

表5－6　创业牵涉程度各维度均值差异性检验结果

	类型	有效样本	平均值	标准差	t 检验
kx1	机会型创业	616	3.2468	0.99470	3.21**
	生存型创业	176	2.9602	1.06025	
kx2	机会型创业	616	3.2846	0.98623	3.594**
	生存型创业	176	2.9773	1.04720	
kx3	机会型创业	616	2.8766	1.08697	1.412
	生存型创业	176	2.7443	1.13009	
kx4	机会型创业	616	3.0308	1.05029	2.806**
	生存型创业	176	2.7771	1.07294	

注：*表示P<0.05；**表示P<0.01；无*的斜体字表示未达到显著水平。

总体说来，机会型创业大学生与生存型创业大学生在创业自我效能感上部分存在显著差异。在“对自己的创业能力充满自信”“能克服成为创业者的大部分困难”“如果我去创业，成功几率会很大”等问题上存在显著差异。机会型创业大学生在上述3个问题上总体上给出了肯定的回答，而生存型创业大学生总体上给出了否定的回答。即是说，机会型创业大学生对自己的创业能力充满自信，相信自己“能克服成为创业者的大部分困难，觉得“如果去创业，成功几率会很大”，而生存型创业大学生对创业缺乏自信、对克服创业中的困难没有把握，对自己创业能否成功没有信心。在“创办和经营企业不是难事（kx3）”问题上，机会型创业大学生与生存型创业大学生之间不存在显著差异均持否定态度。

四、两种创业类型的大学生对“自主性”的认知差异性检验

本检验主要探寻生存型创业大学生与机会型创业大学生在自主性上是否存在显著性差异，结果如表5－7所示。

表5－7 自主性各维度变异数相等Levene检验和平均数相等t检验

		变异数相等Levene检验		平均数相等t检验	
		F检定	显著性	t	显著性（双尾）
zz1	假设变异数相等	0.298	0.585	3.460	0.001
	不假设变异数相等			3.539	0.000
zz2	假设变异数相等	3.064	0.080	4.295	0.000
	不假设变异数相等			4.145	0.000
zz3	假设变异数相等	0.272	0.602	3.160	0.002
	不假设变异数相等			3.143	0.002
zz4	假设变异数相等	0.738	0.391	2.845	0.005
	不假设变异数相等			2.856	0.005
zz5	假设变异数相等	5.546	0.019	2.585	0.010
	不假设变异数相等			2.474	0.014

在“学习过程中能够发挥自己的积极性（zz1）”问题上，$F=0.298$，$p=0.585>0.05$，未达显著水平，可以认为两组变异数相等。在变异数相等的情况下，$t=3.460$，$p=0.001$，超过0.01显著水平。因此，生存型创业大学生和机会型创业大学生在“学习过程中能够发挥自己的积极性”方面上存在显著

的差异。机会型创业大学生在“学习过程中能够发挥自己的积极性”上的均值为3.6802，高于生存型创业大学生在“学习过程中能够发挥自己的积极性”上的均值3.3920，即总体上看两者均认为在学习过程中能够发挥自己的积极性。但是，相比较而言，在学习过程中机会型创业大学生比生存型创业大学生更能发挥自己的积极性。

在“学习过程中能够发挥自己的主动性（zz2）”问题上，$F = 3.064$，$p = 0.080 > 0.05$，未达显著水平，可以认为两组变异数相等的假设成立。在变异数相等的情况下，$t = 4.295$，$p = 0.000$，超过0.01显著水平。因此，生存型创业大学生和机会型创业大学生在“学习过程中能够发挥自己的主动性”方面存在显著的差异。机会型创业大学生在“学习过程中能够发挥自己的主动性”上的均值为3.7808，生存型创业大学生在“学习过程中能够发挥自己的主动性”上的均值为3.4457。即总体上看两者均认为在学习过程中能够发挥自己的主动性。但是，相比较而言，在学习过程中，机会型创业大学生比生存型创业大学生更能够发挥自己的主动性。

在“学习过程中能够发挥自己的创造性（zz3）”问题上，$F = 0.272$，$p = 0.602 > 0.05$，未达显著水平，可以认为两组变异数相等的假设成立。在变异数相等的情况下，$t = 3.160$，$p = 0.002$，超过0.01显著水平。因此，生存型创业大学生和机会型创业大学生在“学习过程中能够发挥自己的创造性”方面存在显著的差异。机会型创业大学生在“学习过程中能够发挥自己的创造性”上的均值为3.7089，生存型创业大学生在“学习过程中能够发挥自己的创造性”上的均值为3.4659。即总体上看两者均认为在学习过程中能够发挥自己的创造性。但是，相比较而言，在学习的过程中，机会型创业大学生比生存型创业大学生更能够发挥自己的创造性。

在“遇到问题有自己的主见（zz4）”问题上，$F = 0.738$，$p = 0.391 > 0.05$，未达显著水平，可以认为两组变异数相等。在变异数相等的情况下，$t = 2.845$，$p = 0.005$，超过0.01显著水平。因此，生存型创业大学生和机会型创业大学生在“遇到问题有自己的主见”方面存在显著的差异。机会型创业大学生在“遇到问题有自己的主见”上的均值为3.8358，生存型创业大学生在“遇到问题有自己的主见”上的均值为3.6080。即总体上看两者均认为遇到问题有自己的主见。但是，相比较而言，遇到问题时机会型创业大学生比生存型创业大学生更有自己的主见。

在“遇到问题喜欢靠自己解决（zz5）”问题上，$F = 5.546$，$p = 0.019 < 0.05$，达显著水平，可以认为两组变异数不相等。在变异数不相等的情况下，

t = 2.474，p = 0.014，达到0.05显著水平。因此，生存型创业大学生和机会型创业大学生在“遇到问题喜欢靠自己解决”方面存在显著的差异。机会型创业大学生在“遇到问题喜欢靠自己解决”上的均值为3.8602，生存型创业大学生在“遇到问题喜欢靠自己解决”上的均值为3.6420。即总体上看两者均认为遇到问题喜欢靠自己解决。但是，相比较而言，遇到问题时机会型创业大学生比生存型创业大学生更喜欢靠自己解决（见表5－8）。

表5－8　　自主性各维度均值差异性检验结果

	类型	有效样本	平均值	标准差	t检验
zz1	机会型创业	616	3.6802	0.98278	3.460**
	生存型创业	176	3.3920	0.94400	
zz2	机会型创业	616	3.7808	0.89753	4.295**
	生存型创业	176	3.4457	0.95663	
zz3	机会型创业	616	3.7089	0.89779	3.160**
	生存型创业	176	3.4659	0.90647	
zz4	机会型创业	616	3.8358	0.93816	2.845**
	生存型创业	176	3.6080	0.93182	
zz5	机会型创业	616	3.8602	0.96854	2.474*
	生存型创业	176	3.6420	1.04867	

注：*表示 $P<0.05$；**表示 $P<0.01$。

总体说来，机会型创业大学生与生存型创业大学生在自主性方面存在显著差异。尽管两者均认为在学习过程中自己能够发挥自己的积极性、主动性和创造性，在遇到问题时都有自己的主见，都喜欢依靠自己解决问题。但是，相比较而言，机会型创业大学生在学习过程中比生存型创业大学生更能发挥自己的积极性、主动性和创造性，遇到问题更有自己的主见、更喜欢依靠自己解决问题。

五、两种创业类型的大学生对“创业者社会保障”的认知差异性检验

本检验主要探寻生存型创业大学生与机会型创业大学生在创业者社会保障水平评价上是否存在显著性差异，结果如表5－9所示。

表 5-9　创业者社会保障水平各维度变异数相等 Levene 检验和平均数相等 t 检验

		变异数相等 Levene 检验		平均数相等 t 检验	
		F 检定	显著性	t	显著性（双尾）
sb1	假设变异数相等	1.278	0.259	-0.417	0.677
	不假设变异数相等			-0.398	0.691
sb2	假设变异数相等	0.282	0.596	-0.184	0.854
	不假设变异数相等			-0.182	0.856
sb3	假设变异数相等	3.702	0.055	-1.874	0.061
	不假设变异数相等			-1.789	0.075
sb4	假设变异数相等	0.006	0.936	-0.715	0.475
	不假设变异数相等			-0.715	0.475

在关于大学生创业的社保补贴力度、补贴时间长短、大学生创业者社会保障完善程度、大学生创业的社保补贴方式（先缴后补）等四个问题上，t 检验的结果显示，生存型创业大学生和机会型创业大学生对创业者的社会保障的评价并不存在显著差异，结果如表 5-10 所示。

表 5-10　创业者社会保障水平各维度均值差异性检验结果

	类型	有效样本	平均值①	标准差	t 检验
sb1	机会型创业	616	2.4529	0.98330	*-0.417*
	生存型创业	176	2.4886	1.06898	
sb2	机会型创业	616	2.3766	0.97666	*-0.184*
	生存型创业	176	2.3920	0.99699	
sb3	机会型创业	616	2.2045	0.93897	*-1.874*
	生存型创业	176	2.3580	1.02106	
sb4	机会型创业	616	2.2595	1.00352	*-0.715*
	生存型创业	176	2.3216	1.00385	

注：斜体字部分表示未达到显著水平。
①大学生创业社会保障问题设计为反向题项，此处的均值是题项转换后重新计分的均值。

总体说来，机会型创业大学生与生存型创业大学生在大学生创业的社会保障问题的四个选项上评价方面不存在显著差异。从均值上看，生存型创业大学生与机会型创业大学生对现行的大学生创业社保补贴问题均持较低的评价，认为大学生创业社会保险补贴力度小、补贴时间短，以及补贴方式不尽合理①。

① 现行针对大学生创业者本人的社会保险补贴参照“灵活就业人员”的政策，实施“先缴后补”的方式进行补贴，得到社保补贴的前提条件是大学生创业者有能力先缴纳社会保险。

六、两种创业类型的大学生对“创业风险”的认知差异性检验

本检验主要探寻生存型创业大学生与机会型创业大学生在创业感知风险上是否存在显著性差异，结果如表5-11所示。

表5-11 感知创业风险各维度变异数相等Levene检验和平均数相等t检验

		变异数相等Levene检验		平均数相等t检验	
		F检定	显著性	t	显著性（双尾）
fx1	假设变异数相等	2.212	0.137	-1.547	0.122
	不假设变异数相等			-1.480	0.140
fx2	假设变异数相等	0.486	0.486	-1.608	0.108
	不假设变异数相等			-1.648	0.100
fx3	假设变异数相等	0.291	0.590	-3.454	0.001
	不假设变异数相等			-3.590	0.000
fx4	假设变异数相等	0.004	0.952	-4.320	0.000
	不假设变异数相等			-4.540	0.000
fx5	假设变异数相等	2.821	0.093	-3.470	0.001
	不假设变异数相等			-3.428	0.001

在“担心创业失败带来经济损失（fx1）”问题上，$F=2.212$，$p=0.137>0.05$，未达显著水平，可以认为两组变异数相等。在变异数相等的情况下，$t=-1.547$，$p=0.122$，未达到显著水平。因此，生存型创业大学生和机会型创业大学生在“担心创业失败带来经济损失”方面上不存在显著的差异。总体上看，两者均担心创业失败带来经济损失，机会型创业大学生在“担心创业失败带来经济损失”上的均值为3.4188，生存型创业大学生在“担心创业失败带来经济损失”上的均值3.5625。虽然前者均值低于后者均值，但是，两者对“创业失败带来经济损失”的担心程度并不存在显著差异。

在“担心创业失败陷入债务危机（fx2）”问题上，$F=0.486$，$p=0.486>0.05$，未达显著水平，可以认为两组变异数相等的假设成立。在变异数相等的情况下，$t=-1.608$，$p=0.108$，未达到显著水平。因此，生存型创业大学生和机会型创业大学生在“担心创业失败陷入债务危机”方面不存在显著的差异。机会型创业大学生在“担心创业失败陷入债务危机”上的均值为3.4968，生存型创业大学生在“担心创业失败陷入债务危机”上的均值为3.6420。虽

然前者均值低于后者均值，但是，两者对“创业失败陷入债务危机”的担心程度并不存在显著差异。

在“担心创业失败生活没有着落（fx3）”问题上，F = 0.291，p = 0.590 > 0.05，未达显著水平，可以认为两组变异数相等。在变异数相等的情况下，t = -3.454，p = 0.001，超过0.01显著水平。因此，生存型创业大学生和机会型创业大学生在“担心创业失败生活没有着落”方面存在显著的差异。机会型创业大学生在“担心创业失败生活没有着落”上的均值为3.2468，生存型创业大学生在“担心创业失败生活没有着落”上的均值为3.5625。即，总体上看两者均担心创业失败生活没有着落。但是，相比较而言，生存型创业大学生比机会型创业大学生更担心创业失败生活没有着落。

在“担心创业工作负荷大损害健康（fx4）”问题上，F = 0.004，p = 0.952 > 0.05，未达显著水平，可以认为两组变异数相等。在变异数相等的情况下，t = -4.320，p = 0.000，超过0.01显著水平。因此，生存型创业大学生和机会型创业大学生在“担心创业工作负荷大损害健康”方面存在显著的差异。机会型创业大学生在“担心创业工作负荷大损害健康”上的均值为3.0584，生存型创业大学生在“担心创业工作负荷大损害健康”上的均值为3.4602。相比较而言，生存型创业大学生比机会型创业大学生更“担心创业工作负荷大损害健康”。

在“创业要损失就业获得的工资和福利（fx5）”问题上，F = 2.821，p = 0.093 > 0.05，未达显著水平，可以认为两组变异数相等。在变异数相等的情况下，t = -3.470，p = 0.001，超过0.01显著水平。因此，生存型创业大学生和机会型创业大学生在“创业要损失就业获得的工资和福利”方面存在显著的差异。机会型创业大学生在“创业要损失就业获得的工资和福利”上的均值为3.0797，生存型创业大学生在“创业要损失就业获得的工资和福利”上的均值为3.3977。相比较而言，生存型创业大学生比机会型创业大学生更担心“创业要损失就业获得的工资和福利”（见表5-12）。

表5-12　感知创业风险各维度均值差异性检验结果

	类型	有效样本	平均值	标准差	t检验
fx1	机会型创业	616	3.4188	1.06683	-1.547
	生存型创业	176	3.5625	1.15465	
fx2	机会型创业	616	3.4968	1.06686	-1.608
	生存型创业	176	3.6420	1.02106	

续表

	类型	有效样本	平均值	标准差	t 检验
fx3	机会型创业	616	3. 2468	1. 08537	-3. 454 **
	生存型创业	176	3. 5625	1. 01225	
fx4	机会型创业	616	3. 0584	1. 10865	-4. 320 **
	生存型创业	176	3. 4602	1. 01340	
fx5	机会型创业	616	3. 0797	1. 06705	-3. 470 **
	生存型创业	176	3. 3977	1. 09063	

注：** 表示 $P<0.01$；无 * 斜体字表示未达到显著水平。

总体说来，机会型创业大学生与生存型创业大学生在感知创业风险部分问题上存在显著差异。两者对创业带来经济损失，甚至是陷入债务危机两个问题的认知不存在显著差异。但是，在“创业失败生活没有着落”“创业工作负荷大损害健康”“创业要损失就业获得的工资和福利”三个方面问题的认知上存在显著差异。尽管两者均担心上述三个风险，但是，相比较而言，生存型创业大学生比机会型创业大学生更担心“创业失败生活没有着落”“创业工作负荷大损害健康”“创业要损失就业获得的工资和福利”。

第三节　本章小结

本章的理论与实证研究表明，创业牵涉程度、创业教育、创业自我效能感、感知创业风险、自主性、社会保障等内外在影响变量对大学生创业动机产生显著的直接或间接影响。其中，大学生创业牵涉程度对创业自我效能感有显著正向影响；大学生创业教育感知对创业自我效能感有显著正向影响；大学生感知创业风险越大对创业自我效能感有显著负向影响；大学生自主性程度对创业自我效能感有显著正向影响；创业者社会保障水平对大学生感知创业风险有显著负向影响；大学生自我实现动机对创业责任动机有显著正向影响；大学生创业自我效能感对创业责任动机有显著正向影响；大学生自主性程度对创业责任动机有显著正向影响；大学生自主性程度对自我实现动机有显著正向影响。

本章的理论与实证研究结果还表明，机会型创业大学生与生存型创业大学生在自主性、创业自我效能感、感知创业风险等个性特质及创业教育、创业牵涉程度等环境因素方面的认知上存在显著的差异。机会型创业大学生与生存型创业大学生在大学生创业社会保障水平的评价上不存在显著差异，两者对现行大学生社会保险补贴均持有较低的评价。

第六章

研究结论、讨论与研究展望

本章主要对前文的研究结果进行总结，得出相关研究结论，并结合文献的有关观点和研究结果进行简短的讨论。

第一节 研究结论

一、大学生生存型与机会型创业动机在组成要素上存在同构性

本研究的结果表明，大学生生存型创业和机会型创业的动机均由自我实现动机、责任动机、独立动机、把握机会动机、响应政策动机和生存需求动机六个动机要素成分构成。但是，每个动机成分对生存型创业动机和机会型创业动机的影响程度不同的。自我实现动机、责任动机、独立动机、把握机会动机、响应政策动机和生存需求动机对大学生机会型创业动机的标准化影响值分别为0.93、0.84、0.77、0.63、0.39、0.32，均达到0.01的显著程度。即是说，大学生机会型创业动机主要受自我实现、责任感、独立需求和把握机会等因素支配，受国家创业政策影响的程度不大，而受生存需求的影响最小。责任动机、自我实现动机、响应政策动机、独立动机、把握机会动机和生存需求动机对大学生生存型创业动机的标准化影响值分别为0.82、0.67、0.63、0.62、0.56、0.52，均达到0.01的显著程度。可见，大学生生存型创业动机主要受责任动机、自我实现动机、响应政策动机、独立动机等因素支配，受生存需求的影响最小。

生存需求动机在大学生机会型创业的动机中也有所体现，尽管在六个创业

动机要素成分中所占重要性程度最低，但生存需求动机对大学生机会型创业动机的贡献程度亦达到0.32，显著性水平大于0.01。而大学生生存型创业动机中亦包含机会型创业动机，责任动机、自我实现动机、响应政策动机、独立动机、把握机会动机等动机成分对大学生生存型创业动机的标准化影响系数分别为0.82、0.67、0.63、0.62、0.56，显著性水平皆高于0.01。值得注意的是，即使是大学生生存型创业的动机，与其他动机成分相比较，受生存需求驱动的程度亦不高，仅为0.52。非标准化影响系数比较①发现，生存型创业动机受生存需求动机成分驱动的程度高于机会型创业受生存需求动机成分驱动的程度。

由此可见，大学生生存型创业动机与机会型创业动机均是多维度的复合概念，由机会型动机成分和生存型动机成分交织在一起耦合而成，自我实现动机、责任动机、独立动机、把握机会动机、响应政策动机和生存需求动机是大学生生存型创业与机会型创业的共同组成成分。

二、大学生生存型与机会型创业动机在驱动程度上的差异性

本研究表明，尽管大学生生存型创业动机和机会型创业动机均是由自我实现动机、责任动机、独立动机、把握机会动机、响应政策动机和生存需求动机等动机要素成分构成，但是，生存型创业大学生和机会型创业大学生在上述六个创业驱动因素上存在显著性差异。总体来看，大学生机会型创业受自我实现动机、责任动机、独立动机、把握机会动机、响应政策动机五个创业动机要素成分的驱动程度显著高于大学生生存型创业受上述五个创业动机要素成分的驱动程度；而大学生生存型创业受生存需求动机驱动的程度显著高于大学生机会型创业受生存需求动机驱动的程度。

（1）大学生机会型创业受“独立动机”要素成分驱动的程度显著高于大学生生存型创业受“独立动机”要素成分驱动的程度。机会型创业大学生在创业是出于获取个性独立和个人自由、经济独立/积累财富、自己当老板/主宰自己的命运等动机成分方面与生存型创业大学生存在显著性差异，前者在上述三个动机要素成分上的均值分别3.7601、3.9847、3.9495，而后者在上述三个动机要素成分上的均值分别为3.5207、3.8106、3.7880，t值分别为3.111、2.401、2.296均达到0.05或0.01显著水平。因此，相比较而言，大学生机会型创业受“独立动机”要素成分驱动的程度显著高于大学生生存型创业受

① 黄芳铭. 结构方程模式理论与应用［M］. 北京：中国税务出版社，2005：207.

"独立动机"要素成分驱动的程度。

（2）大学生机会型创业受"自我实现动机"要素成分驱动的程度显著高于大学生生存型创业受"自我实现动机"要素成分驱动的程度。机会型创业大学生在创业是出于学以致用、展示才华、挑战自我、获取更高的社会地位和声望等动机成分方面与生存型创业大学生存在显著性差异，前者在上述四个动机要素成分上的均值分别为3.9483、4.0195、4.0558、3.8434，而后者在上述四个动机要素成分上的均值分别为3.7189、3.8802、3.7880、3.6866，t值分别为3.096、2.007、3.641、2.097，均达到0.05或0.01显著水平。因此，相比较而言，大学生机会型创业受"自我实现动机"要素成分驱动的程度显著高于大学生生存型创业受"自我实现动机"要素成分驱动的程度。

（3）大学生机会型创业受"责任动机"要素成分驱动的程度显著高于大学生生存型创业受"责任动机"要素成分驱动的程度。机会型创业大学生在创业是出于为社会创造就业岗位，为国家和社会发展做更大贡献，增加与自己有关的人的福利水平等动机成分方面与生存型创业大学生存在显著性差异，前者在上述三个动机要素成分上的均值分别为3.5523、3.6206、3.9049，而后者在上述三个动机要素成分上的均值分别为3.3456、3.4147、3.7281，t值分别为2.729、2.764、2.288，均达到0.05或0.01显著水平。因此，相比较而言，大学生机会型创业受"责任动机"要素成分驱动的程度显著高于大学生生存型创业"受责任动机"要素成分驱动的程度。

（4）大学生机会型创业受"生存需求动机"要素成分驱动的程度显著低于大学生生存型创业受"生存需求动机"要素成分驱动的程度。机会型创业大学生在创业是出于工作不满意/工作前景不乐观，找不到合适的工作等动机成分方面与生存型创业大学生存在显著性差异，前者在上述两个动机要素成分上的均值分别为3.1578、3.0949，而后者在上述两个动机要素成分上的均值分别为3.3272、3.3871，t值分别为-2.202、-3.733，均达到0.05或0.01显著水平。因此，相比较而言，大学生机会型创业受"生存需求动机"要素成分驱动的程度显著低于大学生生存型创业受"生存需求动机"要素成分驱动的程度。

（5）大学生机会型创业受"响应政策动机"要素成分驱动的程度显著高于大学生生存型创业受"响应政策动机"要素成分驱动的程度。机会型创业大学生在创业是出于享受国家税收减免等优惠政策动机成分方面与生存型创业大学生存在显著性差异，前者均值为3.2279，后者均值为3.0737，t值为2.019达到0.05显著水平。因此，相比较而言，大学生机会型创业受"响应政策动机”要素成分驱动的程度显著高于大学生生存型创业受“响应政策动机”要素成分驱动的程度。

（6）大学生机会型创业受“把握机会动机”要素成分驱动的程度显著高于大学生生存型创业受“把握机会动机”要素成分驱动的程度。机会型创业大学生在创业是出于看到商机／有好的创业项目、别人创业成功的示范和激励动机成分方面与生存型创业大学生存在显著性差异，前者在上述两个动机要素成分上的均值分别为3.6744、3.5292，而后者在上述两个动机要素成分上的均值分别为3.3917、3.3108，t值分别为3.846、3.022，均达到0.05或0.01显著水平。因此，相比较而言，大学生机会型创业受“把握机会动机”要素成分驱动的程度显著高于大学生生存型创业受“把握机会动机”要素成分驱动的程度。

三、大学生创业动机受个体因素、环境因素和认知因素共同影响

本书所凝练的自主性、创业自我效能感、感知创业风险、创业教育、创业牵涉程度、创业者社会保障等个体因素、环境因素和认知因素对大学生创业动机存在显著的直接或间接影响。本研究表明，大学生创业动机受自主性、自我效能感、感知创业风险、创业教育、创业牵涉程度、创业者社会保障等内外因素的共同影响。其中，大学生创业教育对创业自我效能感有显著正向直接影响，大学生感知的创业教育质量越高，创业自我效能感就越高；大学生创业牵涉程度对创业自我效能感有显著正向直接影响，大学生对创业了解越多、与创业者联系和交流越多，对创业的信心就越充足、对自己创业成功的预期就越好；大学生感知创业风险对创业自我效能感有显著负向直接影响，大学生感知的创业风险越大，对创业的信心就越缺乏；大学生自主性程度对创业自我效能感有显著正向直接影响，大学生自主性程度越高，对创业的信心就越充足；创业者社会保障水平对大学生感知创业风险有显著负向直接影响，创业者获得的社会保障水平越低，大学生感知的创业风险就越大；大学生自我实现动机对创业责任动机有显著正向直接影响，大学生越希望实现自我，创业的责任动机就越强烈；大学生自主性程度对自我实现动机有显著正向直接影响，大学生独立自主性程度越高，越希望实现自我的价值；大学生自主性程度对创业责任动机有显著正向直接影响，大学生独立自主性程度越高，越倾向于承担创业责任；大学生创业自我效能感对创业责任动机有显著正向直接影响，大学生对创业信心越充足，承担创业的责任动机就越强烈。

四、生存型与机会型创业大学生对创业动机影响因素的认知存在显著性差异

本研究探寻了生存型创业大学生与机会型创业大学生对自主性、自我效能感、感知创业风险、创业教育、创业牵涉程度、创业者社会保障等创业动机影响因素在认知方面的差异性。实证检验的结果表明，大学生在自主性、创业自我效能感、感知创业风险等个性特质及创业教育、创业牵涉程度等环境因素方面的认知上存在显著性差异，在大学生创业社会保障水平评价上不存在显著性差异，均持有负面的评价。

（1）生存型与机会型创业大学生在“创业牵涉程度”认知上存在显著性差异。机会型创业大学生在了解企业家的创业经历、与创业者交往、和创业者联系、参加与经营管理有关的实践、对企业的创建与运行有所了解等方面与生存型创业大学生存在显著性差异，前者在上述五个创业牵涉要素上的均值分别为3.3247、2.7333、2.7732、2.6228、2.8274，而后者在上述五个创业牵涉要素上的均值分别为3.0000、2.5398、2.5909、2.4091、2.6250，t值分别为3.617、2.088、2.009、2.306、2.213，均达到0.05或0.01显著水平。尽管从均值水平来看，机会型创业大学生与生存型创业大学生创业牵涉程度都很低，但是，相比较而言，机会型创业大学生与创业者的接触程度、对创业过程的了解程度等与创业相关联的程度要高于生存型创业大学生。

（2）生存型与机会型创业大学生在“创业教育”的部分要素认知上存在显著性差异。机会型创业大学生在学校参加过创业计划模拟实训方面与生存型创业大学生存在显著性差异，前者均值为2.5552，而后者均值为2.3125，t值分别为2.341，达到0.05显著水平。尽管从均值水平来看，机会型创业大学生与生存型创业大学生参与创业模拟实训的机会都很少，但是，相比较而言，机会型创业大学生在学校参加创业计划模拟实训多于生存型创业大学生，而在创业理论教育方面的评价不存在显著性差异。值得注意的是，机会型创业大学生与生存型创业大学生对创业教育水平均持较低的评价。

（3）生存型与机会型创业大学生在“创业自我效能”主要要素的认知上存在显著性差异。机会型创业大学生在对自己的创业能力充满自信，相信自己能克服成为创业者的大部分困难，觉得如果去创业成功几率会很大等方面的认知上与生存型创业大学生存在显著性差异，前者在上述三个自我效能要素上的均值分别为3.2468、3.2846、3.0308，而后者在上述三个自我效能要素上的

均值分别为2.9602、2.9773、2.7771，t值分别为3.210、3.594、2.806，均达到0.01显著水平。相比较而言，机会型创业大学生对自己的创业能力充满自信，相信自己能克服成为创业者的大部分困难，觉得自己如果去创业，成功几率会很大；而生存型创业大学生对创业缺乏自信、对克服创业中的困难没有把握，对自己创业能否成功没有信心。

（4）生存型与机会型创业大学生在“自主性”认知上存在显著性差异。机会型创业大学生在学习过程中能发挥积极性、主动性、创造性、遇事有主见、靠自己解决问题等方面的认知上与生存型创业大学生存在显著性差异，前者在上述五个自主性要素上的均值分别为3.6802、3.7808、3.7089、3.8358、3.8602，而后者在上述五个自主性要素上的均值分别为3.3920、3.4457、3.4659、3.6080、3.6420，t值分别为3.460、4.295、3.160、2.845、2.474，均达到0.05或0.01显著水平。虽然两者均认为，在学习过程中能够发挥自己的积极性、主动性和创造性，在遇到问题时都有自己的主见，都喜欢依靠自己解决问题。但是，相比较而言，机会型创业大学生在学习过程中比生存型创业大学生更能发挥自己的积极性、主动性和创造性，遇到问题更有自己的主见、更喜欢依靠自己解决问题。

（5）生存型与机会型创业大学生在“创业风险”部分要素的认知上存在显著性差异。机会型创业大学生在创业失败生活没有着落、创业工作负荷大损害健康、创业要损失就业获得的工资和福利等方面的认知上与生存型创业大学生存在显著性差异，前者在上述三个感知风险要素上的均值分别为3.2468、3.0584、3.0797，而后者在上述三个感知风险要素上的均值分别为3.5625、3.4602、3.3977，t值分别为-3.454、-4.320、-3.470，均达到0.01显著水平。即两者在“创业失败生活没有着落”“创业工作负荷大损害健康”“创业要损失就业获得的工资和福利”三个方面问题的认知上存在显著差异。尽管两者均担心上述三个风险，但是，相比较而言，生存型创业大学生比机会型创业大学生担心程度更大些。

（6）生存型与机会型创业大学生在“创业社会保障”的认知上不存在显著性差异。总体来说，生存型创业大学生与机会型创业大学生对现行的大学生创业社保补贴问题均持较低的评价，两者均认为大学生创业社会保险补贴力度小、补贴时间短以及补贴方式不合理。

综上所述，本研究基于认知创业动机理论分析框架，通过理论与实证分析，得出以下几点研究结论。

其一，大学生生存型与机会型创业动机在组成要素存在同构性，但是，在动机结构上存在显著差异性。大学生生存型与机会型创业动机均由自我实现、责任、独立、把握机会、响应政策、生存需要等动机要素组成，既有内在需要成分又有外在诱因内化的激励成分。但是，在具体的动机结构上，每种内在需要成分和外在诱因内化的激励成分对大学生生存型与机会型创业动机的驱动程度存在显著差异性。在大学生机会型创业动机结构中，自我实现、责任、独立、把握机会、响应政策的驱动力显著高于大学生生存型创业动机，而生存需要的驱动力显著低于大学生生存型创业动机。

其二，创业认知的差异性是大学生生存型与机会型创业动机分化的直接原因，机会型创业大学生拥有比生存型创业大学生拥有更加积极的创业认知。内在需要和外在诱因并不能直接构成大学生的创业动机，需要大学生创业认知因素的自我调节。内在需要和外在诱因，在创业自我效能感等创业认知的自我调节作用下，与不同的创业目标结合起来，形成了不同类型的创业动机。生存型创业大学生具有较低的创业自我效能感，对创业成功的信心不够足，因而，将创业作为权宜之计，选择在低风险和低投入的领域创业。机会型创业大学生具有较高的创业自我效能感，对创业成功充满信心，因而，将创业视为自己的事业，追求长远的创业成长。

其三，自我认知和创业环境认知是大学生生存型与机会型创业动机分化的间接原因，机会型创业大学生拥有比生存型创业大学生更加积极的自我认知和创业环境认知。生存型创业大学生对自主性、创业风险、创业牵涉、创业教育等个体和环境因素产生的自我认知和环境认知不够积极，因而，形成了较低的创业我效能感。相应地，创业动机的强度偏弱，将创业视为次优选择，在找不到满意工作的情境下才选择创业。机会型创业大学生对自主性、创业风险、创业牵涉、创业教育等个体和环境因素产生积极的自我认知和环境认知，因而，形成了较高的创业我效能感。相应地，创业动机的强度较高，将创业视为最优选择，即使能够找到满意工作也会选择创业。

其四，创业认知自我调节因素、内在需要、外在创业诱因是形成创业动机的不可或缺的三要素，大学生生存型创业向机会型创业转化必须基于创业认知及创业动机的差异性。在与环境的互动过程中，大学生形成各自特定的内在需要体系。不同的大学生对创业的不确定性、创业环境、自身条件、对创业的控制能力以及创业带来的预期回报产生差异性认知，导致不同水平的创业自我效能感，调节和整合各类内在需要和外在创业诱因，形成不同强度的创业动机，驱使不同类型的创业行为。大学生生存型创业向机会型创业转化必须立足于增强自我实现、责任、独立、把握机会、响应政策对创业动机的驱动力，提升大学生自我认知、环境认知和创业认知的水平。

其五，创业认知是大学生与创业环境交互作用的结果，改善创业认知必须基于大学生与创业环境互动的过程。大学生的核心创业认知——创业自我效能感，与大学生的自主性、创业风险、创业牵涉、创业教育等个体与环境互动因素密切相关。学校、政府、社会、家庭给大学生营造一个自主学习和自主决策的成长环境，提供完善的创业教育、深入的创业实践磨砺、完善的社会保障构筑的创业支撑环境，可以促进大学生形成较高的创业自我效能感。即良好的个体——创业环境互动系统能够促进大学生产生正面的和积极的创业认知。因此，大学生创业认知的转化不能单纯从个体自身入手，必须基于大学生个体与创业环境的互动。

第二节 简短讨论

一、关于大学生创业动机的复杂性和复合性

现有研究表明，创业是一个非常复杂的过程，受到多种动机和刺激因素的共同作用（Birley & Westhead，1994），创业是“推”和“拉”的因素共同作用的结果（Solymossy，1997；张玉利和杨俊，2003；Giacomin et al.，2007；Block & Sandner，2009；Verheul et al.，2010）。威廉姆斯等（2006）、威廉姆斯等（2007）和王玉帅（2008）的实证研究也证实了生存型和机会型创业动机存在于同一个创业者身上。因此，正如威廉姆斯等（2006）所指出，将创业动机简单地划分为生存型和机会型两种类型是片面的，事实上“推”与“拉”的动机因素在个体创业时同时起作用，只不过有的个体创业的生存型动机因素多一些而机会型动机因素少一些，另外的个体创业的生存型动机因素少一些而机会型动机因素多一些。但是，威廉姆斯等（2006）并没有进一步明确生存型创业动机与机会型创业动机之间的具体联系。

本次研究的结果支持上述文献的观点，即生存型创业大学生和机会型创业大学生的动机构成的要素成分并不是单一的、截然区分为生存型动机和机会型动机，而是两种类型动机成分要素的交织的结果。自我实现动机、责任动机、独立动机、把握机会动机、响应政策动机和生存需求动机六种动机要素成分以不同的影响程度存在于生存型创业大学生和机会型创业大学生的身上。不过，

与文献观点不同的是，本研究提出并证实了大学生生存型创业动机与机会型创业动机在组成上存在同构性，即大学生创业动机和机会型创业动机均由机会型创业动机要素和生存型创业动机要素共同组成。

二、关于大学生生存型与机会型创业动机的差异性

现有文献中，对于生存型与机会型创业动机的差异性问题并没有进行深入探究，只有少数的研究者进行了理论上的探讨。梁靓（2009）认为核心能力是机会型创业者创业动机产生的主要原因，也是机会型创业与生存型创业的显著区别。机会型创业者在创业前就发现或拥有了自己的核心能力，并从中觉察到了蕴藏的商业机会，从而产生了创业的想法。生存型创业者在创业初期并没有蕴含商机的核心能力，直到创业后才开始开发自己的核心能力，并逐渐向机会型创业者转型。本研究实证数据表明，机会型创业大学生与生存型创业大学生在创业能力自信心、克服创业困难、创业成功几率等方面存在显著性差异，机会型创业大学生在上述三个问题上总体上给出了肯定的回答①，均值分别为3.2468、3.2846、3.0308；而生存型创业大学生在上述三个问题上总体上均给出了否定的回答，均值分别为2.9602、2.9773、2.7771。即是说，机会型创业大学生对自己的创业能力充满自信，相信自己能克服成为创业者的大部分困难，觉得“如果去创业，成功几率会很大”，而生存型创业大学生对创业缺乏自信、对克服创业中的困难没有把握，对自己创业能否成功没有信心。生存型创业与机会型创业的大学生在创业自我效能感上存在显著性差异，低创业自我效能感的大学生倾向于生存型创业，高创业自我效能感的大学生倾向于机会型创业。

薛红志等（2003）认为，机会拉动型企业家的创业动机受自我实现需求的推动，因为机会拉动型企业家没有生活压力，具备一定的知识、经验和能力，敢于承担风险，并相信能通过创业活动来实现自己的价值。贫穷推动型企业家则处于生理需求或安全需求等较低的需求层次，生活压力是贫穷推动型企业家处于生理或安全需求的根本原因。但是，本研究表明，与其他动机要素成分相比较，生存需求动机要素成分无论是在大学生机会型创业动机还是在大学生生存型创业动机构成中的影响系数都是最小，均不是主导性动机要素成分。不过，相比较而言，大学生生存型创业受生存需求动机驱动的程度显著高于大学

① 本研究采用里克特5点量表，总体上看，变量的均值超过3表示倾向于肯定回答，低于3表示倾向于否定的回答。

生机会型创业受生存需求动机驱动的程度。

维希乌尔等（Verheul et al.，2010）认为机会型创业者对风险厌恶程度低于生存型创业者。本研究表明，机会型创业大学生对自己的创业能力充满自信，相信自己能克服成为创业者的大部分困难，觉得如果去创业，成功几率会很大；而生存型创业大学生对创业缺乏自信、对克服创业中的困难没有把握，对自己创业能否成功缺乏信心。因此，相比较而言，生存型创业大学生比机会型创业大学生的感知创业风险更高，生存型创业大学生更担心“创业失败生活没有着落”“创业工作负荷大损害健康”“创业要损失就业获得的工资和福利”等问题。

此外，布洛克和山德内（Block & Sandner，2009）认为机会型创业比生存型创业具有更多的知识或更高水平的知识，机会型创业者为创业做了更系统、更充分的准备，包括为之投入更多的创业家专业训练。如通过特定的职业规划获取创业经验，在创业前参加商业计划课程等。本研究也证实，机会型创业大学生与创业者的接触程度、对创业过程的了解程度等与创业相关联的程度要高于生存型创业大学生；机会型创业大学生在学校参加创业计划模拟实训多于生存型创业大学生。机会型创业大学生比生存型创业大学生更能发挥自己的积极性、主动性和创造性，遇到问题更有自己的主见、更喜欢依靠自己解决问题。

与现有文献不同的是，本研究系统地研究了生存型与机会型创业动机之间的差异性。本研究不仅从理论与实证上探寻了大学生生存型与机会型创业动机之间存在的差异性，而且从理论与实证上分析了生存型与机会型创业的大学生在影响创业动机的三个内在特质因素（自主性、创业自我效能感、感知创业风险）和三个外在环境因素（创业教育、创业牵涉程度、创业者社会保障）的认知上存在的差异性，从而为大学生由生存型创业向机会型创业转化提供了理论与实证支撑。

三、关于大学生创业动机的内外在影响因素及影响机制

现有文献中，个体因素、环境因素等对创业动机存在影响的因素受到研究者广泛关注，但是，上述因素影响创业动机的内在机制并没有明确。何志聪（2005）认为，个性特质、环境因素和组织创业能力对创业动机产生直接影响。张玉利等（2006）也强调成功所需的个性特质会对企业家的创业动机产生较大的影响。本研究实证也表明，创业责任感和自我实现需要是大学生创业的不可或缺的动机驱动力量，而自主性特质对大学生的自我实现动机和责任动机均存

在显著的正向影响，影响系数分别达到0.62和0.69。

当然，如果没有必要的创业技能和素质，也难以产生创业动机，个体也就难以真正付诸创业行动。不过，创业自我效能感也不是与生俱来的，可以通过后天习得。例如，法耶勒和盖里（Fayolle & Gailly，2004）、卢瑟杰和弗兰克（Lüthje & Franke，2003）认为创业教育课程可以帮助大学生树立信心、提高对市场机会的敏感性，对大学生创业有鼓励作用。南达和索仁森（Nanda & Sørensen，2008）、勒纳和施阿弗斯坦因（Lerner & Scharfstein，2005）、法耶勒和盖里（Fayolle & Gailly，2004）、格德仁等（Gelderen et al.，2008）、奥蒂欧等（Autio et al.，1997）研究表明，与创业者交往有助于个体提高创业的自信心、丰富创业知识和技能等。本研究提出并检验了大学生创业自我效能感对大学生创业的责任动机和自我实现动机存在显著的正向影响。同时，本研究也验证了创业教育、创业牵涉程度对大学生创业自我效能感产生显著的积极影响。此外，辛（Sinn，1996）和瓦格纳（Wagener，2007）强调完善的社会保障可以促进个体风险承担意向，从而有利于个体的创业决策。本研究实证表明，创业者社会保障水平对大学生感知创业风险有显著的负向、直接的影响，针对大学生创业者的社会保障水平越高，大学生的感知创业风险就越低，从而提升大学生创业自我效能感，提高大学生创业动机水平。

相比较现有文献，本研究从理论与实证上系统明晰了大学生创业动机的影响机制。本研究结合大学生的特点，从个体因素、环境因素和认知因素三个方面出发，遴选出自主性、创业自我效能感、感知创业风险和创业教育、创业牵涉程度、创业者社会保障等创业动机影响因素，运用结构方程模型理论与方法，实证探究了上述因素之间的关系，以及上述因素共同作用于对大学生创业责任动机和自我实现动机的内在机制。

第三节 研究展望

本书对大学生生存型创业和机会型创业的动机、影响因素和转化机制进行了较为深入的理论与实证探究，也取得了以相应的研究结论。但是，本研究依然存在以下几个方面值得进一步改进。

第一，本书的基本理论研究尚不够深入和透彻。本研究虽然整合了认知动机理论、创业认知理论和创业动机理论形成了认知创业动机理论分析框架，但是，研究手法还是偏向于静态化分析。大学生生存型与机会型创业动机的形成过程、自我认知、创业环境认知和创业认知影响创业动机的过程、生存型创业动机向机会型创业动机演化的过程等问题，需要利用动态化的分析手法。后续的研究，可以运用创业认知过程理论和方法解决上述问题。

第二，本书的结论基于中国东、中、西部 11 所高校的大学生样本，在更细分区域的高校大学生人群，或其他类型人群的创业行为研究中是否具有推广价值，尚有待于进一步验证。后续的研究者可以在更广泛的高校或其他类型的人群中做实证分析，以检验本研究结论的可靠性和外部效度。

第三，本书所探讨的研究变量的数量可以进一步地扩展，以更好地把握生存型与机会型创业的动机构成、影响因素和转化机制。限于研究模型数据分析的可行性，本研究只探索了文献中所提及的或访谈中所述及的主要研究变量，其他的研究变量尚有待于进一步发掘和研究。尤其是在创业认知变量中，调节和影响创业动机的因素不仅限于创业自我效能感，创业意志、创业结果的归因方式、自我决定等认知变量也值得后续的研究者去探寻。

第七章

大学生生存型创业向机会型创业转化的对策

本章主要根据本研究的理论与实证研究的成果，基于大学生机会型创业与生存型创业存在的显著性差异，结合我国当前的大学生创业环境和政策的特点，提出大学生生存型创业向机会型创业转化的总体思路和基本对策。

第一节　生存型创业向机会型创业转化的依据

创业动机决定创业行为（Shane et al.，2003），也是不同类型的创业行为之间转化的关键因素。相应地，大学生生存型创业向机会型创业转化的核心问题是实现大学生生存型创业动机向机会型创业动机的转化。本研究通过理论与实证分析，明确了机会型创业大学生与生存型创业大学生在自我实现动机、责任动机、独立动机、把握机会动机、响应政策动机和生存需求动机六种动机成分上存在的显著差异，也明确了机会型创业大学生与生存型创业大学生在自主性、创业自我效能感、感知创业风险、创业教育、创业牵涉程度、创业者社会保障六个影响大学生创业动机的内外在因素的认知上存在的显著差异。这些差异分析的结果，为大学生生存型创业动机向机会型创业动机转化提供了具体的可操作性的要素和对象。

通过前文的研究，我们可以发现：一方面，生存型创业大学生和机会型创业大学生的创业动机均由自我实现动机、责任动机、独立动机、把握机会动机、响应政策动机和生存需求动机六种动机要素成分以不同的影响程度耦合而成。只不过，自我实现动机、责任动机、独立动机、把握机会动机、响应政策动机五种动机要素成分对机会型创业大学生的创业动机形成的驱动程度显著高于生存型创业大学生；而存需求动机成分对生存型创业大学生的创业动机形成的驱动程度显著高于机会型创业大学生。另一方面，生存型创业大学生和机会型创业大学生的创业动机均受到自主性、创业自我效能感、感知创业风险三个内在特质因素和创业教育、创业牵涉程度、创业者社会保障三个外在环境因素显著的直接或间接影响，其中，自主性、创业自我效能感显著影响到大学生自我实现动机和责任动机，大学生自主性程度越高，创业自我效能感越高，自我实现动机和责任动机越强烈；自主性、创业教育、创业牵涉程度、感知创业风险显著影响到大学生自我效能感，大学生自主性程度越高、感知的创业教育水平越高、创业牵涉程度越高、感知创业风险越低，创业自我效能感越高。大学生感知的创业者社会保障水平越高，感知创业风险越低。机会型创业大学生与生存型创业大学生在自主性、创业自我效能感、感知创业风险等个性特质及创业教育、创业牵涉程度等环境因素方面的认知上存在显著的差异，前者在自主性、创业自我效能感、创业教育、创业牵涉程度等方面的认知水平显著高于后者，而后者对创业风险的感知更强烈。

第二节　大学生生存型创业向机会型创业转化的主要问题与困难

根据前文的理论分析与上文的实证研究，生存型创业大学生与机会型创业大学生之间的行为选择之所以不同，是因为两者的创业行为受自我实现、承担责任、独立自主、把握机会、响应政策、生存需要等创业动机要素的驱动程度上存在显著性差异，以及两种类型创业大学生在个体与创业环境互动过程中所产生的自我认知、环境认知和创业认知上存在显著性差异。因此，生存型创业向机会型创业转化必须着眼于这两个显著性差异，实施两个方面的转化。一是，实施创业动机的转化。进一步强化生存型创业大学生的自我实现、承担责任、独立自主、把握机会、响应政策等心理需和外在激励，从而自觉地、坚定地将创业作为实现自己理想和抱负的基本途径。二是，实施创业认知的转化。优化生存型创业大学生的认知模式和认知水平，使得大学生对自己的创业效能感、外在的创业环境、创业风险产生一个合理的、积极的评价，进而主动地将创业作为自己最优的职业选择。实施上述两个转变的着力点是，通过外部环境的改善和自我认知水平的提高，增强大学生的创业自我效能感。

一、大学生生存型创业向机会型创业转化的主要问题

（1）大学生生存型创业向机会型创业转化的本质问题是提高生存型创业大学生的自我实现、责任、独立、把握机会和响应政策等动机要素的相对驱动强度。本研究实证结果表明，自我实现、责任、独立、把握机会、响应政策、生存需要等动机要素均存在于两种类型创业者的内心。但是，机会型创业大学生的自我实现、责任、独立、把握机会、响应政策等动机要素强度显著高于生存型创业大学生，生存需要的强度显著低于生存型创业大学生。因此，相对提高自我实现、责任、独立、把握机会、响应政策等动机要素的强度，降低生存需要的强度，可以实现生存型创业大学生由生存型创业动机结构向机会型创业动机结构的转化。

（2）大学生由生存型创业向机会型创业转化的核心问题是提升生存型创业大学生的创业自我效能感。大学生之所以选择生存型创业，是因为他/她没有能够找到能够实现自我、承担责任、实现独立等方面的内在需要的满意工作，转而选择生存领域的创业来满足上述需要。在此情境下，满意工作是最优选择，创业是次优选择。而机会型创业大学生即使能够找到满意工作，他/她仍然要选择创业，即创业是他/她的最优选择，作为自己追求的事业。之所以存在这样的差异，是因为两者的创业认知存在差异。尤其是创业自我效能感的差异显著。尽管两者均认为创办企业是很困难的事情，但是，相比较机会型创业大学生而言，生存型创业大学生对创业缺乏自信、对克服创业中的困难没有把握，对自己创业能否成功没有足够的信心，他们预期通过创业实现自我、承担责任、实现独立等方面的需要的可能性小、成功的概率也不够大。即使他/她因找不到满意工作而创业时，也会选择低投入、低风险的生存型特征明显的创业领域。因此，大学生生存型创业向机会型创业转化的核心是提升其创业自我效能感，以强化其总体的创业动机水平。

（3）大学生由生存型创业向机会型创业转化的关键问题是构建一个优化的创业支撑体系，提高生存型大学生的自我认知、环境认知和创业认知的水平。政府、社会、学校、家庭互动，构建的创业支撑系统，如普通教育教学、创业教育、创业实践训练、创业社会保障、创业支撑政策等制度设计和安排，影响大学生的自主性、创业牵涉程度、创业教育、创业风险等因素的认知，从而影响到大学生的创业自我效能感，经由创业自我效能感影响创业动机。大学生对自主性、创业牵涉程度、创业教育、创业风险认知越积极，创业自我效能感就

越高，机会型创业动机就越强烈。通过创业支撑系统的优化，如完善的创业引领制度、创业支撑制度，可以提升生存型创业大学生的创业信心，激发生存型创业大学生的创业志向，使得生存型创业大学生主动、自觉地谋求由生存型创业向机会型创业转化。

二、大学生生存型创业向机会型创业的主要困难

无论是创业动机，还是创业认知都是个体—环境互动的过程所产生的复杂的心理活动过程及结果。从一定意义上说，大学生由生存型创业向机会型创业的转型在很大程度上是依赖于对大学生主体的创业心理的识别与转化。政府、学校、社会、家庭等外部主体，所采取的引领和推进措施，并不能直接推动大学生创业类型的转化，必须通过大学生的主体性、能动性的发挥才能起作用。因此，从外部促进大学生由生存型创业向机会型创业的转化存在诸多方面的困难。

（1）引导性、扶持性与大学生的主体性如何有机地统一。政府、学校、社会、家庭、大学生等主体是创业支撑系统的基本组成要素，其中，大学生的主体性及主体性认知是创业类型选择的决定性因素，而其他要素对大学生创业类型的选择具有重要的影响作用。如前所述，大学生之所以选择生存型创业，是因为大学生在创业认知的自我调节下，对通过创业满足自身内在的生存和发展的需要的可行性和预期的结果的主体性评价的积极程度还不够高，因而，选择了低层次的生存型创业。政府、社会、学校、家庭等外部主体的引导作用，如何以大学生的主体性为基础，合力帮助大学生自觉认识到转型的必要性、可行性和形成积极的预期。政府的扶持也必须以大学生自主、自愿为前提，不可能“强制”生存型创业大学生实施向机会型创业的转型。

（2）外在激励、内在需要唤起和个体认知激活如何恰当地结合。创业动机由个体创业认知整合内在需要和外在激励的基础上形成的，是维系创业行为的内在动力，也是创业类型转化的内在动力。政府、学校、社会、家庭等外部主体的支持和促进只是外在激励，如何选择恰当的激励方式和激励程度，以激活生存型创业大学生的个体认知，唤起其内在自我发展的需要与优惠政策和市场激励有机地结合，驱动其产生较为强烈的由生存型创业向机会型创业转化的心理动力。

（3）政策调节、市场引导和创业指导如何达到平衡点。政策调节、市场引导可以在一定程度上引导大学生自发地由生存型创业向机会型创业的转化。但是，生存型创业大学生缺乏更高层面的创业知识、创业能力及相应的创业自我

效能感，需要政府、社会、学校提供必要的创业指导和支持，才能提升自身、准确把握和抓住优惠政策和市场商机，自觉实施向机会型创业转化。如何把握政策调节的力度、市场引导的程度、创业指导的深度，在三者之间寻求一个平衡点，形成最优化的创业转型的外部推动力组合机制。

（4）创业理论教育、创业技能培训和创业模拟实践如何优化组合。生存型创业大学生实施创业类型的转化，需要在创业理论、创业技能和创业信心方面进行提升。这不仅需要创业理论教育和创业技能培训，更需要政府和社会为生存型创业大学生提供更高层次的创业实践能力的磨砺，以扩大商业视野、提高其创业自我效能感，产生由生存型创业向机会型创业转化的内在动力。政府、社会和高校如何针对不同的生存型创业大学生，提供优化的创业理论教育、创业技能培训和创业模拟实践的组合，以切实提高其创业能力和信心，提升其创业自我效能感。

（5）转化对象、转化时机和转化方向如何准确把握。本研究的典型创业者访谈中，受访者认为资源、经验、资本积累程度，以及行业成长性、转型风险等均是生存型创业向机会型创业转化必须考虑的问题①。如何掌握生存型创业大学生的经营现状和心理动向，怎样判断生存型创业大学生的转化潜力、转化意愿，如何把握生存型创业大学生的转化时机，以及在此基础上为生存型创业大学生提供怎样的个性化指导和支持，以精准帮助特定大学生个体实施由生存型创业向机会型创业的转化。

此外，大学生的自主性、自我效能感的形成并非仅仅在高等教育阶段，大学生整个的成长历程都影响到自主性的品质和自我效能感。在大学教育以前的十余年的学习和实践过程中，这些个体的自主性、自我效能感在一定程度上已经确立。对于自主性程度低的生存型创业的大学生来说，其创业的自我效能感、自我实现动机、责任动机在进入大学之前就已经受到了消极的影响。如何在大学阶段扭转这个长期形成的不利局面，不仅是高等教育难题，也是个巨大的社会难题。

第三节　大学生生存型创业向机会型创业转化的总体思路

大学生生存型创业向机会型创业转化的核心问题是实现大学生生存型创业

---

① 详见本书的附录一。

动机向机会型创业动机的转化。那么，如何实现生存型创业动机向机会型创业动机的转化？通过前文的研究，我们认为大学生生存型创业动机向机会型创业动机转化的关键在于：其一，从家庭教育和学校教育两个层面培养大学生的自主性，从而进一步提高大学生自我实现动机、创业责任动机，使得独立动机、自我实现动机、责任动机三种动机成分在大学生创业动机形成过程中起主导性作用。其二，通过提高创业者社会保障水平降低大学生感知创业风险，从而解决大学生创业者在基本生存方面的后顾之忧，使得生存需求动机成分在大学生创业动机形成过程中所起的作用尽量小，而机会型创业动机成分起主导性驱动作用。其三，从创业教育、创业牵涉程度、自主性培养等方面着手，进一步提高大学生创业自我效能感，使得大学生在创业问题上更加自信，对自己的创业知识、创业能力、创业素质和创业成功抱有较强的信心，从而自愿选择以创业的方式来实现自我，主动承担起时代对大学生所赋予的创业责任。

由此，我们提出以下总体思路：通过教育教学改革，实现教育教学方式的转变，使得学校和家庭充分尊重学生的自主性和独立性，大力培养学生在学习和实践过程中的积极性、主动性、创造性，鼓励学生看待事物有自己的主见、遇到问题依靠自己解决，着力锻造学生的独立与自主性人格，促进学生产生强烈的自我实现动机、高度的责任动机和高水平的自我效能感。在此基础上，大力开展以创业能力培养和创业信心塑造为核心的创业教育，积极为学生提供参与企业管理实践的机会，大力打造学生与企业家、创业者联系、沟通和交流互动的机制和平台，使得学生深入了解创业和创业者，在创业选择时更加自信、更加积极主动。与此同时，要逐步完善对创业者的社会保障，消除大学生创业的后顾之忧，在创业时不必为生存需求所累。从而，使得大学生主动、自愿地将创业作为实现自己人生理想和服务国家社会的抱负的新型途径。

第四节　大学生生存型创业向机会型创业转化的基本对策

从个体内在特质要素来看，生存型创业动机向机会型创业动机转化的核心问题是使自我实现动机、责任动机成为大学生创业动机的主导驱动成分，关键在于提高大学生的自主性和创业自我效能感。这就需要我们从两个方面着手：一方面，通过转变现行教育教学方式、开展行之有效的创业教育、提高大学生创业牵涉程度等途径进一步强化当代大学生的自主性，逐步提高大学生创业的自我效能感；另一方面，为大学生创业者建立科学、适度的社会保障，降低大学生感知的创业风险，进一步提高创业自我效能感，同时最大限度降低生存需求动机成分在大学生创业动机构成中的影响。为此，我们提出以下几个方面的转化对策。

一、树立新型人才观，切实在全社会形成科学的创业价值观

中国自1998年以来大力倡导大学生创业，但是，选择创业的大学生仍然寥寥。麦可思《2016年中国大学生就业报告》数据显示，2015届大学毕业生创业率为3.0%，远低于发达国家20%~30%的水平。不仅如此，大学生有知识、有能力，综合素质较高，高校和社会对大学生创业有着广泛的支持，大学生创业呈现出其独特的机会型创业的比较优势（郭必裕，2010b），却没有担当起机会型创业的主力军（郭必裕，2010a，2010b）。造成以上现象的原因较为复杂，其中，社会文化氛围和价值观念对创业的影响非常深刻。例如，在日本，其社会文化、观念和教育系统压抑人的创业精神，这导致大学生和研究生们都希望进入一个大而“稳定”的公司（姜军等，2006）。其实，当前中国的社会经济文化环境并不推崇将创业作为职业生涯，价值观念依然是中国人创业的阻碍因素（Plant & Ren，2010）。据某大学的问卷调查结果显示，有3/4的家长支持孩子选择考研或留学，没有一个家长选择支持自己的孩子从事自主创业，传统就业观念和世俗的成才观是大学生创业最大的阻力（汪瑞林，2006）。当前，在不少的家长心目中，优秀大学生的标准仍然是听话、学习成绩好、毕业后能考上公务员或进入国有企业，过上高福利、稳定的生活。家长对大学生在校学习情况的关注点仅限于文化课学习，关心他们有没有顺利通过考试。而对于那些在企业实习、兼职或者是从事创业活动的大学生，家长并不支持，甚至还认为这类学生“不务正业”。因此，家长必须转变教育观念，将培养创业型人才作为家庭教育价值观念的重要组成部分。

高校本身虽然积极响应国家号召，开设各种类型的创业教育课程和创业竞赛科目，但最终对大学生的毕业考核仍然以考试成绩、英语四六级证书、计算机等级证书等为主要依据。缺少对创业型大学生人才的评价标准，毕业考核亦没有充分考虑大学生创业型人才的相关指标，导致创业教育在大多数高校并没有融入教育的主流。一些高校的创业课教师主要由思想政治理论课教师来担任，缺少拥有专门创业知识、实际创业经历的专业化创业教育师资。从而，使得高校对大学生创业的支持力度不够，大学生感觉不到实质性的帮助。本书

调查数据显示，只有20%左右的受访者对自己所受的创业教育持肯定态度。因此，高校必须转变教育观念，将培养创业型人才作为大学教育的重要职能。

社会和政府虽然极力倡导大学生创业，鼓励大学生以创业带动就业。但是，现有的创业相关支持政策实施起来并不容易，例如，大学生创业贷款手续比较繁杂，贷款的额度亦不高，被不少大学生视为“鸡肋”。而针对大学生创业者本人的社会保险补贴政策，各地通行的办法是参照就业困难灵活就业人员的补贴办法，予以补贴。本研究调查数据显示，大学生创业者约2/3以上皆为自愿创业，并非就业困难人员；即使是那1/3被迫创业的大学生也不完全是就业困难人员，主要原因是就业期望值过高而未得到满足。因此，社会和政府必须切实提高大学生创业者的社会地位，重视大学生创业者的社会身份的定位。否则，会给家长和大学生本人形成误导——“只有那些就业困难、找不到工作的大学生才去创业”。

因此，政府、社会、高校必须高度重视创业型人才培养，切实转变社会对高等教育的评价方式和评价机制，将创业型人才的培养作为大学教育的基本职能，将培养优秀的创业型人才作为普通高等教育重要的价值观；利用媒体、活动、会议等各种形式大力宣传和报道大学生创业先进高校和大学生创业典型个人，在全社会形成推崇创业型大学生人才，重视创业型大学生人才培养的新型人才观和价值观，切实使得家长和大学生的成才观念发生改变，为吸引更多优秀大学生主动、自愿创业营造良好的社会氛围；切实提高大学生创业型人力资本的社会地位，使得社会、家长和大学生不再把职业取向聚焦于公务员、国有企业员工等少数职业种类，以激励和吸引更多的大学生将创业作为自己的职业取向。

二、转变家庭和学校教育模式，着力塑造大学生的自主性人格[①]

创业型人力资本是指一些与生俱来的个性特质和后天的教育、培训等习得性品质（Firkin，2001），是创业能力的主要标志，也是机会型创业者与生存型创业者在内在特质上的本质区别。美国经济学家舒尔兹（Schultz）认为创业能力本质上是由投资形成的个体拥有的知识、技能和能力，可以通过教育、训练、经历和保健等方式获得。主要途径是通过学习，包括在各级学校系统学习文化知识，各种类别的在职培训，在创业过程中经历“关键事件”积累创业经

① 本节内容详见本书作者以第一作者发表于《重庆理工大学学报》2013年第1期的论文《基于学校、家庭和社会三方互动的创业型人力资本开发》。

验，在广泛的社会网络关系中的学习，通过向周围朋友、成功的企业家、供应商、客户，甚至是向与创业不相关的朋友学习，以积累创业必备的知识和能力①（转自宋超英和安晓坡，2009）。舒尔兹所描述的创业能力获取途径正是家庭、学校、社会共同搭建的创业型人力资本培育平台。正如图科尔和赛库克（Turker & Selcuk，2009）所指出，造就创业家需要全社会共同的支持。

其一，倡导以独立成长为主导的家庭教育模式，培养大学生独立自主人格，增强自我实现和责任动机。家庭背景、父母的教育方式对子女的人力资本形成起着决定性作用。我国自计划生育以来，随着每个家庭子女数目的减少以及经济状况的不断改善，少年、儿童基本上在父母和长辈的羽翼下长大。青少年从小至大均在父母和老师的安排下按部就班地成长起来，独立性、自主性、自理能力、合作精神、责任感和成就的需要等各个方面的素质都没有得到应有的发展。因此，必须改变现行家庭教育模式，以家长为主导的家庭教育模式应向以青少年独立成长的家庭教育模式转变。家庭提供必要的物质条件和亲情环境，青少年自己根据自身的特点和兴趣自主进行学习，家长对青少年进行必要的指导和监督，让青少年在相对自主的家庭教育氛围中逐步成长，从而培育其独立性、自主性、责任感。

其二，实施以自主学习为主导的学校教育模式，增强大学生的自主性和自我创造意识。长期以来，我国的学校教育主要是应试教育，即使是高等教育也延续了应试教育的特点，学生的综合素质的发展受到了很大程度的抑制。在我国现行教育体系中，学生缺失自主性，学习任务、目标、组织和评价等均由教师、学校和家长安排、确定。从小学到高中，学生都围绕着家长和学校制订的升学计划被动学习。一方面，学生的主动性、积极性和创造性难以得到发挥；另一方面，学生对教师、学校和家长形成了很强的依赖感。大学阶段，许多独立学习能力差的学生从长期升学压力中解脱出来以后，失去了学习的动力和目标。为此，进入大学以后，应让大学生自主学习，在分享学习目标和任务、给予学生自我调节的实践机会以及独立自主训练的自主学习过程中，调动学生主动性和积极性，培养学生的个人责任感、自主性、自我创造意识。

三、实施创业教育质量工程，大力提升大学生创业自我效能感

一般情况下，只有那些有创业能力、有创业信心的个体才会主动、自愿选

---

① 宋超英，安晓坡．人力资本视角下创业型企业家生成过程探析，http：//www.paper.edu.cn，2009，9：1-8.

择创业。因此，大学生具备一定的创业能力，拥有一定的创业信心，是大学生机会型创业的前提条件。而高校拥有良好的创业型人力资本开发能力，是大学生创业型人力资本开发的基础。通过创业教育质量工程，切实提高高校的创业教育水平，大力提升大学生的创业胜任力和创业信心。

第一，加大对高校创业教育的资金支持，完善创业教育软硬条件。尽管国家对于大学生自主创业扶持政策已经非常优惠，但是，对高校从事创业型人力资本开发的资金支持政策尚不够完善。因此，国家划拨专款用于支持高校开展高水平的创业教育，为高校创业型人力资本开发的师资配备、孵化基地建设提供资金保障，使高校具备开发高水平大学生创业型人力资本的能力。

第二，为高校创业教育制定优惠引导政策，提高高校创业型人力资本开发的积极性。目前，创业教育的相关优惠政策并不完善，不足以吸引高校致力于创业教育。鼓励在高校设立创业学院，对有意于高水创业教育的高校在生源指标、创业导师的职称评定方式、创业学科建设、创业项目申报、创业科学研究项目申报等方面给予优惠政策，使大学生创业型人力资本开发成为高校发展新的增长点，提高高校在大学生创业型人力资本开发方面的积极性，使更多的高校自觉将大学生创业型人力资本开发作为自己的核心职能之一。

第三，制定高校创业教育水平分类评估政策，加强对高校创业型人力资本开发质量的监控。宏观上，从大学生创业型人力资本开发的管理体制构建入手，将“985”“211”等重点大学的创业教育定位于高科技、高技术、金融、投资等创业领域；而一般的地方院校与高职院校的创业教育可以集中于一般的服务业以及为地方经济服务的产业领域。对获得国家专项创业教育经费支持的高校进行创业型人力资本开发水平和质量实施严格评估，对上述学校毕业生创业活动进行跟踪，并对评估结果加以适当地运用。如，评选“高校创业50强”等活动，对创业教育水平低下的高校进行适当的政策约束，使得高校自觉为大学生创业型人力资本开发而努力。

第四，为参与专业型创业学习的大学生提供优惠政策，提高大学生参与创业型人力资本开发的积极性。高校的创业教育不仅要面向全体大学生开展创业通识教育，更要对确立自主创业的职业取向的大学生进行系统的专业型创业教育。对自主创业的职业取向的大学生实施分类管理和弹性学制。将学校遴选出来的具有创业特质和创业职业取向的大学生集中于创业教育学院进行分类管理，实行弹性的学制，确保自主创业类大学生具有足够的实践完成系统的创业教育和创业实践，以消除创业型人力资本培育的制度性障碍。

第五，对选择专业型创业教育的大学生进行严格的考核，使大学生一旦选择创业教育就为之而努力。为此，从短期来看，应该制定严格、具体的创业实践教育和创业实训的考核细则，对大学生创业学习进行监管；从长远来看，可以借鉴国外先进的创业模拟实训的具体做法，规定申请创业学院学习的大学生在学期间必须成立创业团队组建自己的公司并进行模拟经营，只有成功运行公司的大学生才能够顺利从创业学院毕业。通过严格的考核体系，约束大学生的创业学习行为，以提高大学生创业学习的努力程度和效果。

第六，实施以能力建设为主导的创业教育①，切实提高大学生创业的胜任力和自信心。创业教育的核心是锻造大学生的创业能力，政府、学校和社会尤其是企业界应该给青少年提供足够的创业教育实践基地，让他们独立从事或明确承担具体任务的企业管理实践活动，学习和掌握产业相关知识，锻炼产业经营能力，提高相关资源整合、组织协调等技能，增强其对产业和市场机会的敏感性。同时，在长期的与企业界人士交往和接触中，学习产业知识、发现市场机会，总结经别人经营企业的经验和教训，磨炼从容应对市场竞争压力和经营风险的毅力，提高创业素质，增强创业的自信心。

四、完善大学生创业风险分担机制，降低大学生的感知创业风险

郭必裕（2010c）认为通过政策化解创业风险可以提高大学生创业率，为家庭困难学生提供必要生活保障可以提高机会型创业率。本研究实证表明，降低大学生对创业风险的感知，提高创业自我效能感是培育机会型创业的重要环节。通过大学生创业保险、风险投资和社会保障体系，完善大学生创业风险分担机制，降低大学生感知的创业风险，从而提高其创业自我效能感，使更多的大学生愿意选择创业，成为无后顾之忧，为创业理想而奋斗的机会型创业者。

为此，可以从以下几个方面入手：

其一，对从事创业的大学生实行职业保险政策。借鉴美国的做法，由政府补助保险公司，对从事创业的大学生实施职业保险，保证其投入的自有资金的安全，一旦受到损失，就会从保险公司得到一定的补偿。

其二，培育以国有风险资本为引导，吸引社会风险投资公司积极参与，培育政策性大学生创业风险投资市场。政策性创业风险投资可以克服一般风险投资资本的逐利性，加强对大学生创业的初期和前期的投入，解决其资金和管理困难，在一定程度上降低大学生创业的不确定性。

① 本段内容详见本书作者以第一作者发表于《重庆理工大学学报》2013 年第 1 期的论文《基于学校、家庭和社会三方互动的创业型人力资本开发》。

其三，构建专门的社会保障体系，消除创业大学生的后顾之忧。雷家骕和陈闯（2007）认为，机会型创业者也需要维持基本的生存，需要完善的社会保障来支撑。中国的社会保障机制尚不够完善，创业者必然会担忧创业失败后的生存问题。本研究实证结果表明，创业者社会保障可以降低大学生感知创业风险。但是，两种类型创业大学生均认为我国现行大学生创业社会保障力度不够。鉴于此，我们认为应该让选择创业的大学生在创业成功之前享有不低于机关、事业单位和国企员工平均水平的社会保障待遇。建立创业大学生住房保障机制，在政府保障用房中划分专门房源，用作创业大学生集中免费或低租金居住集聚区，促进大学生创业者之间的交流，相互激发创业智慧，或组建创业团队。

其四，建立“五位一体”的创业运作机制，增强大学生创业的导向性和提高创业成功率。定期发布大学生创业指南，为大学生高层次创业提供指导性方向；在重要产业领域进行创业项目招标，鼓励大学生与高校教师、科研人员和企业人员联合组建的创业团队参与竞标。将中标项目引入大学生创业孵化器，联系风险投资基金在孵化器中遴选项目，推进创业项目与风险资本之间的结合。形成大学生创业团队—学校—政府—创业孵化器—风险投资公司“五位一体”的创业运作机制。

五、开展创业学学历与学位教育，使得创业成为大学生的自觉行为

在普通高等教育和高等职业教育之外，增加高等创业学学历与学位教育，将创业学专业教育正式纳入国民教育序列。以国家和地方战略发展的需要为切入点，依托相关高校、科研院所和国有大中型企业，整合社会优势创业教育资源，组建一定数量的“创业学院”，引入世界先进创业学教育理念和方法，联合培养创业学专业专门人才。使得创业成为大学生的自觉选择行为，而非当前的自发选择行为。

其一，让高等创业学学历与学位教育在校学生享受普通高等教育在校生相关待遇，同时给予与创业相关的补贴，使创业学成为对大学生有吸引力的专业。高等创业学专业按照当年当地高等教育招生规模的一定比例来设定招生计划，生源主要从各地已录取的大学生中二次选拔或从已毕业的大学生中公开招募，学费和奖、贷、助、补等参照普通高等教育、高等职业教育执行，同时，在校模拟创业期间享受创业补贴。对高等创业学专业合格毕业生发放创业学本科或研究生毕业证书、学士或专业硕士学位证书，以及创业工程师职业资格

证书。

其二，建立科学的高等创业学学历与学位教育考核机制，完善退出机制，合理分散创业学专业学生的抉择风险。创业与人的个性特质存在一定的联系，并不是每个大学生都适合于创业。对于那些已经录取到高等创业学专业，但事实证明不适于从事创业学习和创业活动的学生，允许其回原专业、原学校继续完成原学业，或转到其志愿的其他的专业或同类院校完成学业。对于那些不愿意从事创业的高等创业学专业毕业生，允许其选择就业，享受普通高等教育毕业生同等的就业政策。在校学习期间，有创业经验和较好创业表现者，同等情况下优先录用到国有企业、机关事业单位。

其三，在国有企业、创业学院设立“创业孵化器”，帮助高等创业学专业学生先在“体制”内进行初次创业，之后再推动其自主创业。大学生的资金风险承担能力较弱，往往不愿意个人单独冒险，需要在一定的“体制呵护下”创业。“创业学院”担当起“孵化器”的功能，引入政策性风险投资资金，提供产学研创业平台，帮助高等创业学专业学生在“体制”内进行初次创业，而不是一下子推入创业市场。同时，对于那些具有一定的创业能力却缺乏创业资源的高等创业学专业毕业生，经过严格考核后录用到相关国有大中型企业，允许其利用国有资源从事企业内创业活动或成为国有企业的职业经理人，享受国企员工同等的政治待遇和社会保障待遇。在“体制”内初次创业成功积累经验和信心之后，再推动其进行自主创业。

通过在国民教育系列开设创业学学历与学位教育，开展适度规模的创业学专业教育，使“创业者”正式成为一种社会职业，并制定相应的扶持政策，一方面，可以在一定程度上改变社会、学校、家长和大学生本人对大学生创业的看法，吸引更多优秀大学生从事创业；另一方面，可以大幅度提高大学生的创业素质和能力，使大学生具备机会型创业的自身条件，从而切实推动更多的大学生从事机会型创业。

参考文献

一、外文部分

[1] Abbey Augustus, Cross – Cultural Comparison of the Motivation For Entrepreneurship [J]. Journal of Business and Entrepreneurship, 2002, 14 (1): 69 – 81.

[2] Abraham H. Maslow. A Theory of Human Motivation, Psychological Review [J]. 1943 (50): 370 – 396.

[3] Ajzen, I., Fishbein, M. Understanding attitudes and predicting social behavior [M]. Englewood Cliffs, NJ: Prentice Hall, 1980.

[4] Ajzen, I. The theory of planned behavior [J]. Organizational Behavior and Human Decision Processes, 1991, 50 (2): 179 – 211.

[5] Amit Raphael, Muller Eitan. "Push" and "Pull" entrepreneurship [J]. Journal of Small Business and Entrepreneurship, 1995, 12 (4): 64 – 80.

[6] Anderson James C., Gerbing David W. Structural Equation Modeling in Practice: A Review and Recommended Two – Step Approach [J]. Psychological Bulletin, 1988, 103 (3): 411 – 423.

[7] Arenius, P. & Minniti, M. Perceptual variables and nascent entrepreneurship [J]. Small Business Economics, 2005, 24 (3): 233 – 247.

[8] Ashley – Cotleur, C., King, S. & Solomon, G. Parental and gender influences on entrepreneurial intentions, motivations and attitudes. Proceedings Docs/USASBE 2003 proceedings – 12pdf. March 10, 2009. http: //usasbe. org/knowledge/proceedings/

[9] Autio E., Keeley R. H., Klofsten M., Ulfstedt T. Entrepreneurial intent among students: testing an intent model in Asia, Scandinavia and USA, Frontiers of Entrepreneurship Research, Babson Conference Proceedings, www. babson. edu/entrep/fer, 1997.

[10] Autio Erkko, Robert H. Keeley, Magnus Klofsten, George G. C. Parker and Michael Hay, Entrepreneurial Intent among Students in Scandinavia and in the

USA [J]. Enterprise and Innovation Management Studies, 2001, 2 (2): 45 - 160.

[11] Bagozzi R. T., Y. Yi. On the Evaluation of Structure Equation Models [J]. Journal of the Academic of Marketing Science, 1988, 16 (1): 74 -94.

[12] Bagozzi, R. P., Baumgartner, J. & Yi, Y. An investigation into the role of intentions as mediators of the attitude-behavior relationship [J]. Journal of Economic Psychology, 1989, 10 (1): 35 -62.

[13] Bandura, A. Human agency in social-cognitive theory [J]. American Psychologist, 1989, 44 (9): 1175 -1184.

[14] Bandura, A. Social cognitive theory: An agentic perspective [J]. Annua Review of Psychology, 2001, 52: 1 -26.

[15] Baron, R. The cognitive perspective: A valuable tool for answering entrepreneurship's basic "why" questions [J]. Journal of Business Venturing, 2004, 19 (2): 221 -239.

[16] Basu, A. and Virick, M. Assessing Entrepreneurial Intentions Amongst Students: A Comparative Study [C]. Proceedings of the NCIIA 12th Annual Meeting, March 20 - 22, Washington, DC. National Collegiate Inventors and Innovators Alliance (NCIIA), Hadley, MA, USA. 2008.

[17] Baum, J. R., Locke, E. A. & Smith, K. G. A Multidimensional Model of Venture. Growth [J]. Academy of Management Journal, 2001, 44 (2): 292 - 303.

[18] Baumol, W. J. Entrepreneurship: productive, unproductive and destructive [J]. Journal of Political Economy, 1990, 98 (5): 893 -921.

[19] Bhat Subodh and McCline Richard. What motivates an entrepreneur? [R]. April 19, 2005, http://www.rediff.com/money/2005/apr/19spec.htm.

[20] Bird, B. Implementing entrepreneurial ideas: the case for intention [J]. Academy of Management Review, 1988, 13 (3): 442 -453.

[21] Birley, S. and P. Westhead, A taxomy of business start-up reasons and their impact on firm growthand size [J]. Journal of Business Venturing, 1994, 9 (1): 7 -31.

[22] Block Jörn, Sandner Philipp. Necessity and Opportunity Entrepreneurs and their Duration in Self-employment: Evidence from German Micro Data [J]. Journal of Industry, Competition and Trade, 2009, 9 (2): 117 -137.

[23] Boyd, N., Gand, G. S. and Vozikis. The influence of self-efficacy on the development of entrepreneurial intentions and actions [J]. Entrepreneurship Theory and Practice, 1994, 18 (4): 63 -78.

[24] Busenitzl Lowell W., G. Page West Ⅲ, Dean Shepherd, Teresa Nelson, Gaylen N. Chandler and Andrew Zacharakis. Entrepreneurship research in emergence: past trends and future directions [J]. Journal of Management, 2003, 29 (3): 285 -308.

[25] Bygrave, S. Manigart, C. M. Mason, G. D. Meyer, H. J. Sapienze and K. G. Shaver (Eds.). Frontiers of entrepreneurship research (pp73 - 78) [M]. Waltham, MA: P& R Publication Inc.

[26] Campbell, C. A. A decision theory model for entrepreneurial acts [J]. Entrepreneurship Theory and Practice, 1992, 17 (1): 21 -27.

[27] Chen, C. C., Greene, P. G. and Crick, A. Does entrepreneurial self-efficacy distinguish entrepreneurs from managers [J]. Journal of Business Venturing, 1998, 13 (4): 295 -316.

[28] Christian B. and Julien P. A. Defining the field of research in entrepreneurship [J]. Journal of Business Review, 2000, 16 (2): 165 -180.

[29] Chu Hung Manh, Cynthia Benzing, Charles McGee. Ghanaian and Kenyan Entrepreneurs: a comparative analysis of their motivation [J]. Journal of Developmental Entrepreneurship, 2007, 12 (3): 295 -322.

[30] Churchill, N. C., Lewis, V. L. (Eds) Entrepreneurship Research [M]. Ballinger Publishing, Cambridge, MA, 1986.

[31] Cole A. H. Meso-economics: A Contribution Form Entrepreneurial History [J]. Explorations in Entrepreneurial History, 1968, 6 (l): 3 -33

[32] Carsrud Alan, Malin Brännback. Entrepreneurial Motivations: What Do We Still Need to Know? [J]. Journal of Small Business Management, 2011, 49 (1): 9 -26.

[33] Davidsson, P. Continued Entrepreneurship: Ability, Need and Opportunity as Determinants of Small Firm Growth [J]. Journal of Business Venturin, 1991, 6 (6): 405 -429.

[34] Davidsson, P. Determinants of entrepreneurial intentions, Paper prepared for the RENT IX Workshop, Piacenza, Italy, Nov. 23 -24, 1995.

[35] Davidson, P. and Honig, B. The Role of Social and Human Capital

among Nascent Entrepreneurs [J]. Journal of Business Venturing, 2003, 18 (3): 301 - 331.

[36] Dollingers Marec J. Entrepreneurship: Strategies and Resources [M]. Prentice Hall, 2003, 3ed.

[37] Ernesto Amoros José, Niels Bosma. Global Entrepreneurship Monitor [R]. Babson College and London Business School, 2013.

[38] Erikson, T. Revisiting Shapero: a taxonomy of entrepreneurial typologies [J]. New England Journal of Entrepreneurship, 2001, 4 (1): 9 - 15.

[39] Fayolle, A. and Gailly, B. Using the theory of planned behaviour to assess entrepreneurship teaching programs: a first experimentation [C]. IntEnt2004 Conference, Naples (Italy), 5 - 7 July, 2004.

[40] Fayolle Alain, Francisco Liñán, Juan A. Moriano. Beyond entrepreneurial intentions: values and motivations in entrepreneurship [J]. Int Entrep Manag J, 2014, 10: 679 - 689.

[41] Fatoki, Olawale Olufunso. Graduate Entrepreneurial Intention in South Africa: Motivations and Obstacles [J]. International Journal of Business and Management, 2010, 5 (9): 87 - 98.

[42] Fereidouni Hassan Gholipour, Tajul Ariffin Masron, Davoud Nikbin, et al. Consequences of external environment on entrepreneurial motivation in IRAN [J]. Asian Academy of Management Journal, 2010, 15 (2): 175 - 196.

[43] Fini, Riccardo Grimaldi Rosa, Gian Luca Marzocchi, Maurizio Sobrero. The foundation of entrepreneurial intention [R]. Electronic copy available at: http: //ssrn. com/abstract = 13132252007.

[44] Firkin Patrick. Entrepreneurial Capital: A Resource - Based Conceptualisation of the Entrepreneurial Process [R]. Working Paper No. 7, Labour Market Dynamics Research Programme, Albany and Palmerston North, http: //lmd. massey. ac. nz/publications/working paper No7. pdf, 2001.

[45] Gartner W. B. A conceptual framework for describing the phenomenon of new venture creation [J]. Academy of Management Review, 1985, 10 (4): 696 - 706.

[46] Gartner, W. B. , Mitchell, T. R. and Vesper, K. H. A taxonomy of new business ventures [J]. Journal of Business Venturing, 1989, 4 (3): 169 - 186.

[47] Gelderen, Van, M. , Brand, M. , Van Praag, M. , Bodewes, W. and Van Gils, A. Explaining entrepreneurial intentions by means of the theory of planned be-

haviour [J]. Career Development International, 2008, 13 (6): 538-559.

[48] Gerry Segal, Dan Borgia, Jerry Schoenfeld. The motivation to become an entrepreneur [J]. International Journal of Entrepreneurial Behaviour & Research, 2005, 11 (1): 42-57.

[49] Giacomin, O., Guyot, J-L., Janssen, F. and O. Lohest, Novice creators: personal identity and push pull dynamics [R]. CRECIS Working Paper 07/2007, Center for Research in Change, Innovation and Strategy, Louvain School of Management, http://www.crecis.be, 2007.

[50] Giacomin, Olivier, Janssen, Frank, Guyot, Jean-luc and Lohest, Olivier. Opportunity and/or necessity entrepreneurship? The impact of the socio-economic characteristics of entrepreneurs [R]. 01. January 2011, http://mpra.ub.uni-muenchen.de/29506/ MPRA Paper No. 29506, posted 10. March 2011/09: 01, 2011 (a).

[51] Giacomin, Olivier, Frank Janssen, Mark Pruett, Rachel S. Shinnar, Francisco Llopis and Bryan Toney. Entrepreneurial intentions, motivations and barriers: Differences among American, Asian and European students [J]. Int Entrep Manag J, 2011 (b), 7 (2): 219-238.

[52] Giacon, Paolo. Inside "the nexus": exploring personal motivations and the nature of opportunities within high-tech emerging ventures [R]. University of Padua, Tesi di dottorato, Università degli Studi di Padova, http://paduaresearch.cab.unipd.it/2981/1/Tesi_Dottorale_Giacon_finale.pdf, 2010.

[53] Gilad B., Levine P. A behavioral model of entrepreneurial supply [J]. Journal of Small Business Management, 1986, 24 (4): 45-53.

[54] Gray Kenneth R., Howard Foster, Marla Howard. Motivations of Moroccans to be entrepreneurs [J]. Journal of Developmental Entrepreneurship, 2006, 11 (4): 297-318.

[55] Grégoire Denis A., Andrew C. Corbett, Jeffery S. McMullen. The Cognitive Perspective in Entrepreneurship: An Agenda for Future Research [J]. Journal of Management Studies, 2011, 48 (6): 1443-1477.

[56] Hari Jr. J. F., R. E. Anderson, R. L. Tatham, W. C. Black., Multivariate Data Analysis [M]. 5th Edition, Prentice-Hall, Upper Saddle River, NJ, 1998.

[57] Herron, L., Sapienza, H. J. The entrepreneur and the initiation of new venture launch activities [J]. Entrepreneurship Theory and Practice, 1992, 17

(1): 49 -55.

[58] Hessels Jolanda, Marco van Gelderen, Roy Thurik. Drivers of entrepreneurial aspirations at the country level: the role of start-up motivations and social security [J]. Int Entrep Manag J, 2008a, 4 (4): 401 -417.

[59] Hessels Jolanda, Marco van Gelderen, Roy Thurik. Entrepreneurial aspirations, motivations, and their drivers [J]. Small Bus Econ, 2008b, 31 (3): 323 -339.

[60] Hessels, J., van Stel, A., Brouwer, P., Wennekers, S. Social security arrangements and earlystage entrepreneurial activity [J]. Comparative Labor Law and Policy Journal, 2007, 28 (4): 743 -774.

[61] Hills, G. E. Variations in university entrepreneurship education: an empirical study of evolving field [J]. Journal of Business Venturing, 1988, 3 (2): 109 -122.

[62] İ. ELif YETKİN ÖZDEMİR. Self - Regulated Learning from a Sociocultural Perspective [J]. Education and Science, 2011, 36 (160): 298 -308.

[63] Kautonen Teemu & Jenni Palmroos. The impact of a necessity-based start-up on subsequent entrepreneurial satisfaction [J]. Int Entrep Manag, 2010, 6 (3): 285 -300.

[64] Kirkwood, J. Motivational factors in a push-pull theory of entrepreneurship [J]. Gender in Management: An International Journal, 2009, 24 (5): 346 -364.

[65] Kolvereid, L. Prediction of employment status choice intentions [J]. Entrepreneurship Theory and Practice, 1996, 21 (1): 47 -58.

[66] Kristiansen, S. and Indarti, N. Entrepreneurial intention among Indonesian and Norwegian students [J]. Journal of Enterprising Culture, 2004, 12 (1): 55 -78.

[67] Krueger, N. F., Jr. and Brazeal, D. V. Entrepreneurial potential and potential entrepreneurs. Entrepreneurship Theory & Practice, 1994, 18 (3): 91 -104.

[68] Krueger, N. F. Jr, Reilly, M. D., Carsrud, A. L. Competing models of entrepreneurial intentions [J]. Journal of Business Venturing, 2000, 15 (5 -6): 411 -432.

[69] Kuratko, D. F., Hornsby, J. S. and Naffziger, D. W. An Examination of

Owner' Goals in Sustaining Entrepreneurship [J], Journal of Small Business Management, 1997, 35 (1): 24 - 33.

[70] Lee Dony., Tsang Eric W. K. The effects of entrepreneurial personality, background and network activities on venture growth, Journal of Management Studies, 2001, 38 (4): 583 - 602.

[71] Lee Lena, Poh Kam Wong. Perception of National Environment for Entrepreneurship: Cognitive Divergence among Entrepreneurs and Policy Makers [R]. NUS: NUS Entrepreneurship Centre Working Papers, 2004/10.

[72] Lee Lena, Poh Kam Wong, Jennifer Chen, Bee - Leng Chua, Antecedents of Entrepreneurial Propensity: Findings from Singapore, Hong Kong and Taiwan, Online at http: //mpra. ub. uni-muenchen. de/2615/MPRA Paper No. 2615, 2005.

[73] Leroy Hannes, Maes Johan, Sels Luc, Debrulle Jonas. Gender Effects on Entrepreneurial Intentions: a TPB Multigroup Analysis at Factor and Indicator Level [C]. Paper presented at the Academy of Management Annual Meeting, 7 - 11 August 2009, Chicago (Illinois, USA), Working Paper Steunpunt STOIO: August 2009.

[74] Lewis R. Kids behaving badly, or responsibly? Helping teachers help students to act responsibly [J]. Professional Educator, 2004, 3 (4): 17 - 19.

[75] Liñán, Francisco Yi - Wen Chen. Testing the Entrepreneurial Intention Model on a Two - Country Sample [R]. Departament d 'Economia de l' Empresa, Universitat Autònoma de Barcelona, http: //selene. uab. es/dep-economia-empresa/, July, 2006.

[76] Liñán F. and Santos F. J. Does Social Capital Affect Entrepreneurial Intentions? [J]. International Advances in Economic Research, 2007, 13 (4): 443 - 453.

[77] Liñán, F. and Chen, Y. W. Development and cross-culturalapplication of a specific instrument to measure entrepreneurial intentions [J]. Entrepreneurship Theory and Practice, 2009, 33 (3): 593 - 617.

[78] Linan, F., Cohard, J. C. R., Guzmán, J. Temporal Stability of Entrepreneurial Intentions: A Longitudinal Study" [R]. 4th European Summer University Conference on Entrepreneurship Bodø Graduate School of Business and Nordland Research Institute, 22nd - 26th August 2008, Bodø, Norway, 2008.

[79] Littunen, H. Entrepreneurship and the characteristic of the entrepreneurial

personality [J]. International Journal of Entrepreneurial Behaviour and Research, 2000, 6 (6): 295 - 309.

[80] Luthans Fred, Elina S Ibrayeva. Entrepreneurial Self - Efficacy in Central Asian Transition Economies: Quantitative and Qualitative Analyses [J]. Journal of International Business Studies, 2006, 37 (1): 92 - 110.

[81] Lüthje Christian and Franke Nikolaus. The making of an entrepreneur: testing a model of entrepreneurial intent among engineering students at MIT [J]. R&D Management, 2003, 33 (2): 135 - 147.

[82] Marcou Andri, Philippou George, Motivational Beliefs, Self - Regulated Learning and Mathematical Problem Solving, 2005 [R]. In Chick, H. L. & Vincent, J. L. (Eds.). Proceedings of the 29th Conference of the International Group for the Psychology of Mathematics Education, Vol. 3, pp. 297 - 304. Melbourne: PME.

[83] McClelland, D. C. The Achieving Society [M]. Princeton, NJ: Van Nostrand, 1961.

[84] McClelland, M. C. Achievement and entrepreneurship: A longitudinal study. Journal of Personality and Social Psychology, 1965, 1 (4): 389 - 392.

[85] McGee Jeffrey E., Mark Peterson, Stephen L. Mueller, Jennifer M. Sequeira. Entrepreneurial Self - Efficacy: Refining the Measure [J]. Entrepreneurship Theory and Practice, 2009, 33 (4): 965 - 988.

[86] Mergler, Amanda Gay. Personal responsibility: the creation, implementation and evaluation of a school-based program [D]. PhD thesis, Queensland University of Technology, 2007.

[87] Minniti, Maria, William D. Bygrave and Erkko Autio. Global Entrepreneurship Monitor, 2005 Executive Report, (GEM, 2005) [R]. http://www.gemconsortium.org/docs/download/261, 2005.

[88] Mischel, W. Personality and Assessment [M]. London, Wiley, 1968.

[89] Mitchell, R., Smith, B., Seawright et al. Cross-cultural cognitions and the venture creation decision [J]. Academy of Management Journal, 2000, 43 (5): 974 - 993.

[90] Mitchell, Ronald K., Lowell Busenitz, Theresa Lant et al.. Toward a Theory of Entrepreneurial Cognition: Rethinking the People Side of Entrepreneurship Research [J]. Entrepreneurship Theory and Practice, 2002, 27 (2): 93 - 104.

[91] Mueller Stephen L., Thomas Anisya S. Culture and entrepreneurial poten-

tial: A nine country study of locus of control and innovativeness, [J] Journal of Business Venturing, 2001, 16 (1): 51 -75.

[92] Moy Jane W. H. , Vivienne W. M. Luk and Philip C. Wright. Perceptions of Entrepreneurship as a Career: Views of Young People in Hong Kong, [J]. Equal Opportunities International, 2003, 22 (4): 16 -40.

[93] Mushtaq H. Ahmad, Hunjra Ahmed Imran, G. S. K. Niazi, Kashif - Ur - Rehman, Rauf I. Azam. Planned Behavior Entrepreneurship and Intention to Create a New Venture Among Young Graduates [J]. Management & Marketing Challenges for the Knowledge Society, 2011, 6 (3): 437 -456.

[94] Naffziger Douglas W. , Jeffrey S. Hornsby, Donald F. Kuratko. A Proposed Research Model of Entrepreneurial Motivation [J]. Entrepreneurship Theory and Practice, 1994, Spring: 29 -42.

[95] Nanda Ramana, Sørensen Jesper B. Workplace Peer Effects and Entrepreneurship, Harvard Business School [R]. Working Paper (08 - 051), December, 2008.

[96] Noble De, Jung, A. D. and Ehrlich, S. Entrepreneurial self-efficacy: The development of a measure and its relationship to entrepreneurial action [R]. Frontiers of Entrepreneurship Research - 1999. Wellesley, MA: Babson College, 1999.

[97] Noel, T. W. Effects of entrepreneurial education on intent to open a business: An exploratory study [J]. Journal of Entrepreneurship Education, 2002, 5 (1): 3 -13.

[98] Nussbaumer, A. , Steiner, C. and Albert, D. Visualisation Tools for Supporting Self - Regulated Learning through Exploiting Competence Structures [C]. Proceedings of the International Conference on Knowledge Management (IKNOW 2008), 3 -5, 2008.

[99] Olomi, D. R. Entrepreneurial motivation in developing country context: Incidence, antecedents and consequences of growth seeking behaviour among Tanzanian owner-managers [D]. A dissertation for Award of PHD Degree University of Dar es Salaam, Tanzania, 2001.

[100] Olsen, P. and D. Bosserman. Attributes of the Entrepreneurial Type [J]. Business Horizons, May - June, 1984, 27 (3): 53 -56.

[101] Oxenfeldt, A. R. New Firms and Free Enterprise [M]. Washington DC:

American Council on Public Affairs, 1943.

[102] Pufal – Struzik. Irena. Self-actualization and Other Personality Dimensions as Predictors of Mental Health of Intellectually Gifted Students [J]. Roeper Review, 1999, 22 (1): 44 – 47.

[103] Parker, S. C. and Robson, M. T. Explaining international variations in entrepreneurship: evidence from a panel of OECD countries [J]. Southern Economic Journal, 2004, 71 (2): 287 – 301.

[104] Praag, C. M., Cramer, J. S. The roots of entrepreneurship and labor demand: individual ability and low risk [J]. Economica, 2001, 68 (269): 45 – 62.

[105] Reynolds, S Paul D., Michael Camp, William D. Bygrave, Erkko Autio, Michael Hay. Global Entrepreneurship Monitor, 2001 Executive Report, (GEM, 2001) [R]. http: //www. gemconsortium. org/docs/download/255, 2001.

[106] Reynolds Paul D., William D. Bygrave, Erkko Autio, Larry W. Cox, Michael Hay. Global Entrepreneurship Monitor, 2002 Executive Report (GEM, 2002) [R]. http: //www. gemconsortium. org/docs/download/256, 2002.

[107] Reynolds Paul D., William D. Bygrave, Erkko Autio. Global Entrepreneurship Monitor, 2003 Executive Report (GEM, 2003) [R]. http: //www. gemconsortium. org/docs/download/259, 2003.

[108] Robert Cobb, Jr. The relationship between self-regulated learning behaviors and academic performance in web-based courses [D]. Virginia Polytechnic Institute and State University, 2003.

[109] Robert J. Taormina, Sammi Kin – Mei Lao. Measuring Chinese entrepreneurial motivation Personality and environmental influences [J]. International Journal of Entrepreneurial Behaviour & Research, 2007, 13 (4): 200 – 221.

[110] Robert Plant, Jen Ren. A Comparative Study of Motivation and Entrepreneurial Internationality: Chinese and American Perspectives [J]. Journal of Developmental Entrepreneurship, 2010, 15 (2): 187 – 204.

[111] Robichaud, Y., Egbert, M. and Roger, A. Toward the Development of a Measuring Instrument for Entrepreneurial Motivation [J]. Journal of Developmental Entrepreneurship, 2001, 6 (2): 189 – 201.

[112] Robinson Anthony T. Risk Perceptions and Venture Creation Decisions: Establishing the Boundary Conditions of Overconfidence and Perceived Environmental Munificence [D]. The University of Alabama Tuscaloosa, Alabama, 2010.

[113] Ruyter. D. D. The virtue of taking responsibility [J]. Educational Philosophy and Theory, 2002, 24 (1): 25 -35.

[114] Sequeira, J., Mueller, S. L. and McGee, J. E. The influence of social ties and self-efficacy in forming entrepreneurial intentions and motivating nascent behavior [J]. Journal of Developmental Entrepreneurship, 2007, 12 (3): 275 - 293.

[115] Shane, S. Prior Knowledge and the Discovery of Entrepreneurial Opportunities [J]. Organization Science, 2000, 11 (4): 448 -469.

[116] Shane, Scott and Venkataraman, S. The Promise of Entrepreneurship as a Field of Research [J]. Academy of Management Review, 2000, 25 (1): 217 - 226.

[117] Shane Scott, Edwin A. Locke, Christopher J. Collins. Entrepreneurial motivation [J]. Human Resource Management Review, 2003, 13 (2): 257 - 279.

[118] Shapero, A., Sokol, L. The social dimensions of entrepreneurship. In Kent, C., Sexton, D. & Vesper, K. (eds). The Encyclopedia of Entrepeneurship [M]. Englewood Cliffs, NJ: 72 -90, 1982.

[119] Shaver, K. G., Scott, L. R. Person, process, choice: the psychology of new venture creation [J]. Entrepreneurship Theory and Practice, 1991, 16 (2): 23 -45.

[120] Simon M., Houghton S. M., Aquino K. Cognitive biases, risk perception and venture formation: how individuals decide to start companies [J]. Journal of Business Venturing, 1999, 15 (2): 113 -134.

[121] Sinn, H. -W. Social insurance, incentives and risk-taking [J]. International Tax and Public Finance, 1996, 3 (3): 259 -280.

[122] Sivarajah, K., Achchuthan. Entrepreneurial Intention among Undergraduates: Review of Literature [J]. European Journal of Business and Management, 2013, 5 (5): 172 -186.

[123] Sizong Wu, Lingfei Wu. The impact of higher education on entrepreneurial intentions of university students in China [J]. Journal of Small Business and Enterprise Development, 2008, 15 (4): 752 -774.

[124] Solymossy, E. Push/pull motivation: Does it matter in venture performance? Frontiers of Entrepreneurship Research 1997 [R]. http: //www. babson. edu/

entrep/fer/papers97/solomo/soly1. htm. , 1997.

[125] Susan C. Darge. Facilitating Personal Growth in College Students: a Spiral Model and Program Plan [D]. The Graduate College University of Wisconsin – Stout, December, 2000.

[126] Sutton, S. Predicting and Explaining Intentions and Behavior: How Well Are We Doing? Journal of Applied Social Psychology, 1998, 28 (15): 1317 – 1338.

[127] Suzuki, Kan-ichiro, Km, Sang – Hoon et al. Entrepreneurship in Japan and Silicon Valley: a comparative study [J]. Technovation, 2002, 22 (10): 595 – 606.

[128] Timmons, J. A. New Venture Creation: Entrepreneurship for the 21st Century [M]. 5th. ed. , Irwin McGraw – Hill, Burr Ridge, IL, 1999.

[129] Tubbs, M. E. and Ekeberg, S. E. The role of intentions in work motivation: Implications for goal-setting theory and research [J]. Academy of Management Review, 1991, 16 (1): 180 – 199.

[130] Turker, D. and Selcuk, S, S. Which factors affect entrepreneurial intention of university students? [J]. Journal of European Industrial Training, 2009, 33 (2): 142 – 159.

[131] Verheul Ingrid, Thurik Roy, Jolanda Hessels et al. Factors Influencing the Entrepreneurial Engagement of Opportunity and Necessity Entrepreneurs [R]. Zoetermeer, EIM Research Reports, http: //www. ondernemerschap. nl, 2010.

[132] Wagener, A. Social Security Provisionsand Entrepreneurial Risk Taking [R]. http: //www. sopo. uni-hannover. de/fileadmin/sopo/pdf/Wagener _ papers/kanni. pdf, 2007.

[133] Wennekers, A. R. M. , Uhlaner, L. and Thurik, A. R. Entrepreneurship and its conditions: A macroperspective [J]. International Journal of Entrepreneurship Education, 2002, 1 (1): 25 – 64.

[134] Williams Colin C. , John Round, Peter Rodgers. Beyond Necessity – And Opportunity – Driven Entrepreneurship: Some Case Study Evidence From UKRAINE [J]. Journal of Business and Entrepreneurship, 2006, 18 (2): 22 – 34.

[135] Williams Colin C. The Nature of Entrepreneurship in the Informal Sector: Evidence From England [J]. Journal of Developmental Entrepreneurship, 2007, 12 (2): 239 – 254.

[136] Wilson Fiona, Kickul Jill, Deborah Marlino, Gender. Gender, Entrepreneurial Self - Efficacy, and Entrepreneurial Career Intentions: Implications for Entrepreneurship Education [J]. Entrepreneurship Theory and Practice, 2007, 31 (3): 387 -406.

[137] Williams Colin C., John Round. Evaluating informal entrepreneurs' motives: evidence from Moscow [J]. International Journal of Entrepreneurial Behaviour & Research, 2009, 15 (1): 94 -107.

[138] Williams Nick, Colin C. Williams. Beyond necessity versus opportunity entrepreneurship: some lessons from English deprived urban [J]. Int Entrep Manag J, 2014 (10): 23 -40.

[139] Zhao, H., Seibert, S. E., Hills, G. E. The mediating role of self-efficacy in the development of entrepreneurial intentions [J]. Journal of Applied Psychology, 2005, 90 (6): 1265 -1272.

[140] Zhao, H., Seibert, S. E. The big five personality dimensions and entrepreneurial status: A meta-analytical review [J]. Journal of Applied Psychology, 2006, 91 (2): 259 -271.

[141] Zhao, H., Seibert, S. E., Lumpkin, G. T. The relationship of personality to entrepreneurial intentions and performance: A meta-analytic review [J]. Journal of Management, 2010, 36 (2): 381 -404.

[142] Zhuplev Anatoly, Dmitry Shtykhno. Motivations and Obstacles for Small Business Entrepreneurship in Russia: 15 Years in Transition [C]. 2008 International Council for Small Business World Conference, 2008.

二、中文部分

[143] 蔡进发，萧至惠. 休闲农场之农场形象、知觉品质、知觉风险、知觉价值、满意度与重游意愿关系之研究——以嘉义县独角仙农场为例 [J]. 环境与管理研究，2009 (1): 32 -58.

[144] 池仁勇，梁靓. 生存型与机会型创业者的行业选择研究 [J]. 科技进步与对策，2010 (5): 149 -153.

[145] 陈昌盛，周屏. 大学生自主学习、时间管理和一般自我效能感的关系研究 [J]. 徐州师范大学学报（哲学社会科学版），2009 (3): 131 -136.

[146] 重庆市人民政府办公厅关于促进大学生自主创业的意见（渝办发[2009] 72 号）http: //www. cq. gov. cn/zwgk/zfgw/139062. htm.

[147] 陈正昌等. 多变量分析方法 [M]. 北京：中国税务出版社，2005.

[148] 陈震红，董俊武．风险条件下创业者决策行为的理论与实证研究[J]．学术交流，2007 (8)：74 - 77.

[149] 段锦云，王朋，朱月龙．创业动机研究：概念结构、影响因素和理论模型 [J]．心理科学进展，2012 (5)：698 - 704.

[150] 范巍，王重鸣．创业倾向影响因素研究 [J]．心理科学，2004 (5)：1087 - 1090.

[151] 范巍，王重鸣．创业意向维度结构的验证性因素分析 [J]．人类工效学，2006 (1)：14 - 16.

[152] 郭必裕．大学生机会型创业的比较优势 [J]．黑龙江高教研究，2010a (11)：92 - 94.

[153] 郭必裕．我国大学生机会型创业与生存型创业对比研究 [J]．清华大学教育研究，2010b (4)：70 - 73.

[154] 郭必裕．大学生机会型创业的心理动因分析 [J]．江苏高教，2010c (3)：100 - 102.

[155] 高日光，孙健敏，周备．中国大学生创业动机的模型建构与测量研究 [J]．中国人口科学，2009 (1)：68 - 75.

[156] 顾桥，梁东，赵伟．创业动机理论模型的构建与分析 [J]．科技进步与对策，2005 (12)：93 - 94

[157] 郭洪，毛雨，白璇，曾峥．大学创业教育对学生创业意愿的影响研究 [J]．软科学，2009 (9)：69 - 74.

[158]《关于促进以创业带动就业工作指导意见的通知》(国办发 [2008] 111 号)，http://www.gov.cn/zwgk/2008 - 10/30/content_1136088.htm.

[159] 韩力争，傅宏．大学生创业自我效能感量表的构建 [J]．南京师大学报 (社会科学版)，2009 (1)：113 - 118.

[160] 贺丹．大学生创业倾向的影响因素分析 [D]．杭州：浙江大学，2006.

[161] 何志聪．中小民营企业家创业动机及其影响因素研究 [D]．杭州：浙江大学，2005.

[162] 黄芳铭．结构方程模式理论与应用 [M]．北京：中国税务出版社，2005.

[163] 胡中锋，莫雷．论因素分析方法的整合 [J]．心理科学，2002 (4)：474 - 475.

[164] 简丹丹，段锦云，朱月龙．创业意向的构思测量、影响因素及理论

模型［J］. 心理科学进展，2010（1）：162－169.

［165］姜军，陈德棉，谢胜强. 论创业人才研究现状和未来研究方向［J］. 科学学与科学技术管理，2006（7）：147－151.

［166］姜勇，庞丽娟. 幼儿责任心维度构成的探索性与验证性因子分析［J］. 心理科学，2000（4）：417－420＋389.

［167］孔伟. 论创业文化环境与经济差异——"东北现象"与"浙江现象"中人力资源素质比较分析［J］. 社会科学辑刊，2005（2）：164－167.

［168］赖德胜，教育、劳动力市场与创新型人才的涌现［J］. 教育研究，2011（9）：8－13.

［169］雷家骕，陈闯. 从社会创业体系缺陷解读我国机会型创业缺失的成因［J］. 中国青年科技，2007（1）：21－27.

［170］李剑力，生存型创业和机会型创业的差异性分析及其分类促进政策——基于浙江、江苏、广东、河南、湖北、陕西和重庆的调查. 中共青岛市委党校青岛行政学院学报［J］，2012（5）：31－40.

［171］李青，朱仁宏. 机会观视角的创业理论研究［J］. 国际经贸探索，2010（3）：75－79.

［172］李仁苏. 企业家创业行为心理动因的实证分析［J］. 中国软科学，2008（4）：88－97.

［173］梁靓. 生存型创业与机会型创业的行业和路径比较［D］. 杭州：浙江工业大学，2009.

［174］刘常勇，谢如梅. 创业管理研究之回顾与展望：理论与模式探讨［J］. 创业管理研究，台湾，2006，1（1）：1－43.

［175］刘海鹰，大学生创业意向影响因素研究［J］. 科技进步与对策，2010（18）：154－156.

［176］林俊宏，庞宝玺，郑晋昌，支持性组织气候对训练转移的直接效果与间接效果之差异性探讨［J］. 东吴经济商学学报，台湾，2006（55）：1－34.

［177］刘沁玲. 高校毕业生创业环境分析——人力资本与社会资本的相互作用与驱动［J］. 学术论坛，2008（8）：180－184.

［178］刘万利，胡培. 创业风险对创业决策行为影响的研究——风险感知与风险倾向的媒介效应［J］. 科学学与科学技术管理，2010（9）：163－167.

［179］麦可思研究院. 2011 年中国大学生就业报告［M］. 北京：社会科学文献出版社，2011.

［180］麦可思研究院. 2012 年中国大学生就业报告［M］. 北京：社会科

学文献出版社，2012.

[181] 马占杰．国外创业意向研究前沿探析［J］．外国经济与管理，2010 (4)：9－16.

[182] 秦晓利．论创业动机发展研究，社会科学战线［J］．2010 (9)：259－260.

[183] 邵兵家，杨霖华．个人网上银行使用意向影响因素的实证研究［J］．营销科学学报，2006年3月第2卷第1辑，共13页，http：//www. jms. org. cn/current. jsp.

[184] 宋超英，安晓坡．人力资本视角下创业型企业家生成过程探析，中国科技论文在线（http：//www. paper. edu. cn)，2009，9，1－8.

[185] 吴凌菲．基于感知创业价值的大学生创业意愿形成研究［D］．上海：同济大学，2008.

[186] 吴倬．人的社会责任与自我实现——论自我实现的动力机制和实现形式［J］．清华大学学报（哲学社会科学版)，2000 (1)：1－4.

[187] 汪瑞林．大学生创业要过几道坎［N］．中国教育报，2006－06－21.

[188] 王圣宪．探讨学生创业家创业行为研究——以计划行为理论为基础［D］．台南：成功大学，2009.

[189] 王玉帅．创业动机及其影响因素分析——以江西创业者为例［D］．南昌：南昌大学，2008.

[190] 肖建忠，付宏，胡家勇．转型经济条件下的创业精神——“机会拉动”与“贫穷推动”解释的扩展研究［J］．经济理论与经济管理，2005 (11)：45－51.

[191] 杨俊．新世纪产业研究进展与启示探析［J］．外国经济与管理，2013，35 (1)：1－11＋80.

[192] 姚梅芳，马鸿佳．生存型创业与机会型创业比较研究［J］．中国青年科技，2007 (1)：37－43.

[193] 姚梅芳．基于经典创业模型的生存型创业理论研究［D］．长春：吉林大学，2007.

[194] 郁义鸿，李志能．Robert. D. Hishrich. 创业学［M］．上海：复旦大学出版社，2000.

[195] 张爱卿．20世纪西方动机心理研究的回顾与展望［J］．教育理论与实践，1999a，19 (6)：41－45.

[196] 张爱卿．论人类行为的动机——一种新的动机理论构理［J］．华东

师范大学学报（教育科学版），1996（1）：71－80.

［197］张健，姜彦福，林强．创业理论研究与发展动态［J］．经济学动态，2003（5）：71－74.

［198］张玉利，杨俊．企业家创业行为调查，经济理论与经济管理［J］．2003（9）：61－66.

［199］张玉利，李乾文，李剑力，创业管理研究新观点综述［J］．外国经济与管理，2006（5）：1－7.

［200］张玉利，薛红志，杨俊．论创业研究的学科发展及其对管理理论的挑战［J］．外国经济与管理，2007，29（1）：1－9＋24.

［201］张凯竣，雷家骕．基于成就目标理论的大学生创业动机研究［J］．科学学研究，2012（8）：1221－1227.

［202］郑剑虹，黄希庭．西方自我实现研究现状［J］．心理科学进展 2004（2）：296－303.

［203］中美大学生自主创业对比调查［EB/OL］．环球，http：//news. xinhuanet. com/overseas/2007－09/20/content_6757596. htm，2007－09－20.

［204］中美年轻人创业环境差异大［EB/OL］．京华时报，http：//epaper. jinghua. cn/html/2012－03/01/content_766308. htm，2012－03－01.

［205］朱贺玲，郑若玲．大学生创业动机特征实证研究——以厦门大学为例［J］．集美大学学报，2011（1）：53－57.

附录一　大学生创业典型访谈记录

访谈的目的：通过对三位创业大学生典型人物的访谈，明确大学生生存型创业与机会型创业背后的主要动因，初步探寻创业志向、创业毅力、坚韧不拔的个性、创业能力、风险承受倾向等个体因素，创业资金、创业交流、创业教育、创业社会保障等环境因素对大学生创业是否存在相应的影响，以及生存型创业向机会型创业转化的条件，为进一步的研究明确主题。

访谈对象：×××大学三位创业典型校友，其中某国际私募基金合伙人刘××属于从小就有创业志向，却又从小处做起。该嘉宾创业的早期具有生存型的特点，后期逐步向高层次创业发展；某融资担保公司董事长刘××，是典型的机会型创业，以创业项目博取创业投资；某餐饮企业老板王××，是典型的工作不满意导致的创业，生存型创业特点比较明显。

（1）刘××，某知名国际私募基金合伙人，大学毕业生成功创业人士。××××大学校友，市场营销专业学习背景，2003 年大学毕业，涉足国际贸易、房地产买卖、金融等行业。创业历程大学之前，在大学期间创业更加活跃。创业志向远大，但从小处做起，经历了生存型向机会型转化。

（2）刘××，某融资担保公司董事长，大学毕业生成功创业人士。××××大学校友，电子专业学习背景，2001 年大学毕业，从事金融担保融投资。创业历程始于在校期间，通过商业创意项目获取风投资金，创业起点较高。

（3）王××，某餐饮企业老板，工作转换后成功创业人士。××××大学校友，机械制造专业学习背景，2000 年大学毕业，先在一家制造企业上班，之后的几年企业不景气，开始辞职创业。创业历程始于工作转换，创业起点较低，发展前景不容乐观。

访谈设计：利用×××大学 70 周年校庆之便，通过嘉宾名册物色创业典型人物，在人物介绍和曾经的班主任的介绍的基础上选中三人，根据三位嘉宾的创业实际情况，围绕生存型与机会型创业关键问题，在上述创业典型人物作为嘉宾出席校庆开幕式期间，由他们当年的班主任老师出面约请，于校庆典礼结束后，分别接受项目组的访谈。

访谈过程：先与受访嘉宾简要交流一下大学生生存型创业与机会型创业的

相关主题问题，然后，根据与每位访谈对象的互动情况，分别就生存型创业与机会型创业的相关问题进行 1～1.5 个小时左右的深度访谈，并就主要的互动内容做相应的文字记录和整理。

访谈时间：2010 年 11 月 20 日中午 12 点 30 分～16 点 30 分。

访谈时地点：××××大学××校区新图书馆前草坪。

（一）某国际私募基金合伙人刘××访谈记录

在刘××当年的班主任陪同下，项目组成员先与刘××寒暄之后，简要地介绍大学生机会型创业与生存型创业相关主题，然后进入互动环节，并对受访嘉宾的谈话作以下记录。Q 代表项目组提问，A 代表受访嘉宾的谈话。时间：12 点 30 分～13 点 50 分。

Q1：您觉得把大学生创业分为生存型创业和机会型创业合适吗？

A1：我认为在大学生生存型创业和机会型创业的基础上，需要进一步区分创业类型，如，生存型有哪些类型的企业，机会型大多数是基于行业的。尤其是要弄清楚是个体创业、合伙创业还是规范的公司制创业，这样便于进一步分析生存型创业向机会型创业转化的问题。

Q2：您认为生存型创业如何向机会型创业转化？需要具备哪些条件？

A2：其实，很多创业者都是复合型的。生存型创业在资本积累，经过一定的周期以后，就有可能向机会型转化。在这个积累过程中，创业者对创业的认识会提高到一个新的高度，在经验、资源（人际关系网络、行业资源网络）和资本累积达到一定水平后，就可能由生存型向机会型转化。在此过程中，经验是第一因素，资源是第二因素，资金是第三因素。有了经验的积累，就掌握了相应的能力，随后的资源、资金等问题就可以凭借自身的能力迎刃而解。

Q3：您认为从生存型向机会型转变需要创业者明确的意识吗？

A3：可以是有明确的转型意识，也可以是无意识的。如有的创业者当初为了生存的需要，开办一家小售货店，当他赚钱后觉得这个生意还可以，于是又去开了另外一家连锁店，如此下去，他就把他的项目越做越大，就在无意识中超越了当初的生存型创业。当然，更多的是有意识地扩大自己的经营规模，有计划地发展自己的企业。

Q4：您当初创业的时候是属于机会型创业还是生存型创业？

A4：我创业之前，就有了比较明确的目标，想把事业做大。但是，大学生创业需要从“小”做起，积累经验。当初，我把握了市场信息不对称的机会，通过国际贸易获得创业的第一桶金。近年来，随着信息科技的发展，市场信息不对称的机会越来越少，必须寻找新的商机才能做大、做强。现在，我对公司的业务做了相应的调整，主要精力放在与国际合伙人一起做私募基金。

Q5：您认为生存型创业会停留不前吗？

A5：一般的创业者不会将自己的事业停留在生存型创业的层面。创业者通常都有“创业饥饿感”，有自我实现、把事业做大做强的强烈动机和需要。如果他是把创业作为权宜之计，成天想着找一个好工作就不创业了，那么，他这个生存型创业者肯怕就会不思进取了。我也遇到过不少的创业者，几年后，放弃了创业，找了份稳定的工作在做。

Q6：创业者最需要清楚的问题是什么？

A6：创业者最需要的是认识自己和战胜自己。明确自己能够做什么，明确自己不应该做什么。尤其是要明确自己不应该做什么，这是很难把握的事情。当初，我创业的时候，也走了不少的弯路。花了很多的时间、精力和成本探索能做什么，不能做什么。我做过零售、做过科技开发、做过外贸，虽然都有小成，但是，一段时间后我发现并不擅长做这些。所以，后来我都把这些公司交给了其他人在做。现在，我专心在与合伙人做私募基金。

Q7：您怎么看待创业风险问题？

A7：创业风险与创业活动相生相伴，害怕风险就不要想创业。我当初创业的时候，更多的是看到了市场的机会，总认为自己能够取得成功。在我很小的时候，家境比较贫寒，家里种的苹果卖给收购水果的商贩比市场零售价要便宜 2 毛钱一斤。我看到了这个差价，于是，就骑着自行车把家里的苹果拉到县城里去卖，比卖给商贩多赚一些钱。之后，我又从其他乡亲那儿收购苹果卖到县城去，也赚了一些钱。后来，我又去开网店、开科技公司，直到现在从事私募基金合伙人。总之，每次创业都觉得自己能够控制风险。

Q8：社会保障对创业者来说重要吗？有必要完善创业者社会保障吗？

A8：社会保障对于创业者来说应该是很好的事情。当初我创业的时候也没有考虑这个问题，因为那时我还是个在校的学生。靠平时勤工俭学、国家发的一些补助、奖学金一类的钱，生活上好像也没有多少大的困难。而且，我的第“一桶金”也是我勤工俭学期间，在上海的一个小型钢铁厂帮助做外贸，成功拿到了国外的订单获得的提成。所以说，我的创业历程中，与创业者的社会保障问题没有多少交集。但是，我想现在的大学生毕业后如果白手起家，社会保障是非常必要的。尤其是你要进行机会型创业，想做高起点、高风险的项目，基本的生存问题你的首先解决啊。对于那些生存型创业者来说，如果，他仅仅是通过创业来谋求基本生活的话，可能降低他创业的毅力。当然，如果他是个坚定的创业者，社会保障可能帮助他解决后顾之忧，放手扩大自己企业的规模。

Q9：您觉得创业能力能够通过培养获得吗？

A9：我觉得应该可以，但是，还是跟个体特性有关。从我来说，我是农村来的学生，从小就吃了很多苦。看到家里的条件比较差，我整天想着怎么去改变现状。尤其是后来父亲到上海打工，带我到上海去读书，我想改变现状的欲望就更加强烈。于是，我不断尝试各种可以赚钱的事情。我卖过水果、发过小传单广告、卖过小饰品、也做过外贸。当年我开科技公司时，需要资金，我找银行贷款，人家不理。我就锲而不舍地去拜访一家外资银行的经理，最终，他被我的项目和创业精神所感动，达成了融资协议。还有，就是我当初做钢铁外贸的时候，向国外发出去 10 000 多封电子邮件，寻求贸易合作。最终，一家新加坡的公司与我达成了协议。我想，这些能力都是我在长期的创业实践活动中锻炼出来的。当然，可能与我不服输的性格也有关系。

Q10：您觉得创业教育可以培养创业能力吗？

A10：我当时读书的时候，还没有什么创业教育。不过，为了创业的事情，我请教过不少的老师，尤其是市场营销系的老师，大部分都认识我的。经常遇到我自己想不明白的事情，我还是喜欢向老师请教，与他们探讨确实有不少收获。但是，我在想，如果我当时不是热衷于创业实践，可能也没有那么多问题去请教和探讨。所以，创业教育再重要，也没有大学生自己去实践重要。在创业实践中发现问题，通过创业教育来帮助解决，可能就取得好的结果。如果你光去听课，又不去实践，还是天马行空。另外，创业教育的老师也很重要，他们自己得有经验、有眼光啊，否则，拿什么来指导那些创业的大学生？顺便透露一下，我现在也被好几所学校聘请为创业导师。尽管我非常愿意帮助大学生创业，但是，真正坚持来找我的大学生并不多，大多数是聊过一两次就没再联系我了。

Q11：我觉得您的创业经历对普通家庭的大学生很有启发意义，请您给他们提一些创业方面的建议。

A11：我想说的是，大学生无论你家庭境况是好还是不好，都要有自强、自立、永不言败的精神，都要有改变现状的责任感和动力。有了这些精神，有了这份责任，你自然就有了不断向前的动力。为了改变现状，为了履行职责，你就会想方设法去尝试、去实践、渴望成功。尤其是在当今这个时代，国家和社会、学校都给大学生创业创造了前所未有的良好机会，我们一定要珍惜和抓住这个时代机会，去努力学习创业知识，锻炼创业能力，胸怀创业大志，从小处做起，踊跃创业，实现自己的理想，繁荣国家的经济，造福家人、造福社会。

（二）某融资担保公司董事长刘××访谈记录

项目组成员在与刘××简短寒暄之后，简要地介绍大学生机会型创业与生存型创业相关主题，然后进入互动环节，并对受访嘉宾的谈话作以下记录。Q代表项目组提问，A代表受访嘉宾的谈话。时间：14点~15点10分。

Q1：您认为获得创业成功的关键是什么？

A1：需要有形条件和无形条件，有形的如资金等，无形的主要是强烈的创业愿望、对商机的灵敏度、对机会的把握能力、意识等。但关键是无形条件。我当初是先参加一个商业挑战大赛，在准备大赛期间产生了一个很好的商业创意。但是，我当时没有资金去实现这个商业创意。于是，我到处寻找投资家。洽谈过很多投资者，都没有说服他们投资。你想，我不死心啊，我坚信那个商业创意是有市场的。经过无数次努力，大概寻求了近100多个投资商，最终一个云南的投资家看中了我的项目，给我投了200万元。所以说，意志坚定、愿望强烈，对商机敏锐，有好的创意、好的项目，获取资金等有形条件是迟早的事情，并不是无法解决的困难。

Q2：您认为现在的大学生怎样才能具备上述的创业能力？

A2：现在的教育体制给学生接触社会的机会并不多，大学期间要好些，中学、小学主要是为了应付考试、升学，哪有时间到社会上去实践，父母也不愿意自己的孩子学习不好啊。大学生要想具备创业能力，必须加倍地进行社会实践。要在平时不断积累经验（社会、人际、业务），未必要追求当时的回报，到一定阶段和时机，积累的东西就会爆发出来，帮助你成功。当你参加各种实践的过程中，就会慢慢地对社会、人际有所把握。这个时候，你再去创业，那就是从抓住“机会”开始启动创业，而不是毫无目标、误打误撞了。

Q3：当前创业的政策已经相当好，大学毕业生创业的比例还是很小，您认为可能的原因有哪些？

A3：是否创业不仅仅是政策问题，现在的竞争已经上升到模式、产品、团队、理念等层面，没有好的“项目”才是大学毕业生不参与创业的最主要原因。政策是好啊，但是，你没有能力开发出好的项目，你怎么去创业？其实，只要你有能力、有项目、有好的点子，即使没有好的政策你也会去创业。我们当初创业的时候，根本就没有现在这么好的政策，比我们还年长的那些创业者更没有什么支持创业的政策，不是还有那样多的人创业。所以，要我说的话，大学生创业光靠创业政策一个方面是不起作用的。关键是要让这些大学生具备创业能力，产生强烈的愿望。当然了，有好的创业政策的支持更是锦上添花啦。

Q4：很多大学生认为创业资金获取困难，您同意这种看法吗?

A4：目前来看，资金问题已经不是最重要的问题，至少在重庆，针对中小企业的融投资市场已经非常发达。只是同学们对我们重庆的金融市场尚没有深入了解，这方面可以多做宣传。当初，我创业的时候也没有资金，当时也没有现在这么好的政策，只有自己想办法筹资。问题在于，你有没有能够说服投资者的好“项目”。只要你有好的项目，只要你坚持寻找投资人，就能够获得资金。话又说回来，你的商业创意没有市场前景，就是银行贷款给你，你也不敢去接受。是不是?所以，关键是有没有好的项目，有了好的项目，投资者、银行都求之不得给你融资的。当今的创业，资金问题根本不是问题。有些大学生抱怨没有资金，要么他没有深入触及，要么只不过是为自己不创业找个合理的借口而已。

Q5：在您创业的经历中，与业界接触和交往的经验对您来说重要吗?

A5：我觉得非常非常重要。与您刚才提的资金问题相比，这个问题就太重要了。我在这几年的创业过程中，接触了很多的业界人士，可以说给我带来了非常宝贵的经验和知识财富。在与其他企业界人士的交往、沟通过程中，会给自己不断地启发，激发自己的新的思想和思维的出现。通过不断的交流和磨合，就能相互认同，找到自己真正的合作伙伴，找到更大的投资人，从而把自己的事业一步步做大做强。我也正是在与业界人士的不断接触和了解的过程中，开始了转型发展，从当初的那个创业项目转换到现在这个金融担保融投资服务行业。现在我公司的业务越做越大了。

Q6：您认为大学生创业最重要的问题是什么?

A6：充分了解和适应资本运作模式，明确创业市场的需求，学会怎样整合资源。要会利用资源，要把自己的想法和资源整合起来。要创造条件适应资源的运行方式，要用有吸引力的项目去整合资源。大学生创业一般都是从零做起，如果这个时候你是资金先行的话，肯定有很大风险。你又没有什么积蓄，也没有多少经营管理经验，一下子借个几十万元、几百万元来创业，一般的大学生承受得了吗?所以说，一般的大学生创业应该项目先行。你要琢磨出一个好点子出来，再拿着这个项目去寻找资金。如果确实这个项目很可行、很吸引人，资金就自然有人给你投，别人的资金也可以利用你的项目赚钱啊。如果你的创意确实没人看得上，至少说明这个项目可能不太好，你也可以进一步优化、完善它，只要项目真的好，他总会找到资金。另外，主动性、创造性、判断力、洞察力、风险承担能力、精神风貌等都很重要，这些是创业者应该具备的基本的素质。

Q7：您赞成大学生创业一毕业就创业吗？

A7：我比较赞成先就业再创业，从“小”做起，积累经验，然后再借“势”、借“力”创办自己的企业。否则，在不具备创业能力时贸然去创业只能带来失败。要学会多“做”，多积累，充分利用现有的“平台”，发挥主动意识，朝自己熟悉的“精确”的方向发展、创业。很多大学生根本就没有做好创业的准备，也有的比较好高骛远，还不知道创业需要走哪些流程、处理哪些关键问题的时候，就喊着要去注册自己的公司、开办自己的企业。不过，也不是说一切都准备妥当了才去创业。市场商机也是稍纵即逝的，不把握机会，创业也很难成功。但是，你得有长期的准备工作，比如，参加社会实践、在其他类似的企业打工熟悉业务流程，积累经验和能力。这样当机会来的时候，你就很容易抓住它。如果你在大学期间连校门都没出过多少的好好学生，我觉得创业对你来说肯定不适合，除非你是商业天才。

Q8：您是学电子的，现在搞资本投资，觉得理论知识重要吗？

A8：我在大学学的专业是电子，我现在搞的是资本投资，两者确实不搭边。资本投资行业确实需要非常专业的金融、投资知识，但是，我本人主要是进行资本投资的宏观意识的把握。当然，这几年我也自学过不少金融、投资方面的知识，还花了不少时间到相关高校里面充过电，对资本投资整体上的把握我自认为还是比较到位。那些具体的业务，用到专门的知识，我就只能招揽人才喽。现在我的公司中，专业知识有专门的机构和人员在操作。我觉得，作为创业者应该有广阔的思维能力，并不能局限于做与自己大学期间所学专业一致或相关专业的行业。你要有一定的学习能力，看好了哪个行业，你就得重新去学习这个该行业的相关知识。否则，你怎么掌握公司的大局呀？

Q9：现在的宏观环境对生存型创业向机会型创业转变有利吗？您认为大学生如何实现生存型创业向机会型创业转化？

A9：我个人觉得目前的总体环境不太适合于跳跃式的创业，现在每个行业市场的成熟度都比较高，竞争都比较激烈。生存型向机会型转变是个逐渐演变的过程，当您的各方面积累到了一定的阶段，上述转变就会有发生的可能。如果一味地强调转型，可能会导致失败。你必须要具体地看，例如，行业能否有做大的可能、积累的程度、周期、成长性、经验等。说到底，生存是第一位的。是否转换必须看能否规避原有创业成果转换可能带来的风险。此外，还有潜意识。创业与否、选择何种类型还要看自身的意识。有的时候，创业者自己的感觉很重要。可能也说不出来什么道道，总觉得该这样做了。

Q10：您在创业之前有明确的创业意识和创业目标吗？

A10：当初，我在读书的时候，也没有什么具体的创业目标，创业意识也比较朦胧。直到有一次机遇，改变了我的想法。记得那是大三下学期的时候，偶然间写了一个创业计划书，拿给老师看，结果老师觉得是挺好的想法。然后，又拿去比赛，评委也觉得有创意。于是，心里就想，要是有钱去实现这个创意就好了。那时，也没有现在创业政策这么好，也没有人指引我们去创业，也没想去贷款什么的，一心只想别人给我投资，这样既能规避资金风险，又能实现自己的商业创意。那段时间，我不停地找投资人，找了很多都没有愿意投资的。我没有放弃，继续寻求投资商，最终有一个云南的投资者给我提供了风险资金。现在回想起来，觉得自己真是很幸运啊。

Q11：您认为必要的社会保障对大学生创业有帮助吗？

A11：创业如果有负担的话，会影响到创业者的创业步伐或者创业决心的。我当初创业也是因为无负担、无包袱、年轻，当时我正在读大三，还不需要自己负担衣食住行的问题，就可以放手去创业。创业第一位的问题还是生存，没有生存哪里谈得上发展。生存型创业者本身就有依靠创业获得生存的成分，他们比其他的大学生更迫切需要解决生存问题。如果国家为创业者提供必要的保障，衣食住行解决了，就可以无负担、无包袱地参与创业，这个对生存型向机会型转化也很有支持的。

（三）某餐饮企业老板王××访谈记录

项目组成员先与王××寒暄之后，简要地介绍大学生机会型创业与生存型创业相关主题，然后进行互动，并对受访嘉宾的谈话作以下记录。Q代表项目组提问，A代表受访嘉宾的谈话。时间：15点30分~16点30分。

Q1：您是参加工作以后才创业的，您当时为什么要选择创业？

A1：当年大学毕业时，对创业有所了解，但，并不想去创业。于是，我找了一家比较好的制造企业，那个时候这个企业还是挺好的，我这个非重点大学毕业的学生能够被录用都非常不错了。开始的几年，企业效益还不错。我是2000年入职的，在车间干了三年，之后调到技术部门任职。整整干了六年，2006年企业开始不太景气，工资开始下滑。我当时很纠结，是另寻高就，还是在这个企业坚持，思前想后下不了决心。离开这个企业吧，毕竟干了这么多年，有一定的基础也有感情啊。离开后，又能找到什么好工作呢？最终，家里人劝我不如自己干点什么，总比现在强。我仔细想了想，也是啊，大学毕业都八年了，还一事无成，不甘心啊。于是，一咬牙就辞职创业啦！

Q2：那您为什么要选择餐饮行业创业？

A2：决定创业以后，遇到新的难题。说创业容易，但实际做起来很艰难。

你首先要选个合适的创业项目吧。但是，自己干，能干什么呢？除了懂点机械制造的技术外，我还找不出自己有什么特长。纠结了近三个月时间，最终决定做我爱人这边熟悉的行业。我爱人这边开过多年的餐饮店，虽然没有什么太大的发展，但是比较稳当，收益也比上班强得多。就这样，我们选择了餐饮行业创业。到今年，已经干了四年多了。

Q3：您当初创业觉得最困难的是什么？

A3：最担心就是风险。虽然，爱人家里这边有一些经验，但是，毕竟要自己做吗。就担心做不好呀。还有就是资金的压力。在以前那个企业干了那么多年，其实，也没有存多少钱，也没想到会有今天这个创业。所以，开餐馆的资金都是从亲朋好友那里借来的，自有资金还不到1/3。虽然说，亲朋好友也不好意思追着你还款。但是，总觉得欠债是一桩事。最初那半年真的是辛苦啊，身体劳累，心理也紧张。好在一年之后，餐饮店步入了正轨，还了大部分的借款。我自己的父母、岳父母不肯要我们还钱，说就当做对我们的资助。从那之后，我感觉轻松多了。现在看来，多亏了家人和亲朋好友的支持。

Q4：您觉得为创业者提供社会保障有没有什么必要性？

A4：我觉得对于普通的人来说，创业已经是冒了很大的风险了。如果说，连最基本的生活保障都没有，确实有点无助。我当初创业是辞职了的，幸亏当时有父母支持，否则生活真的没有了保障。我是比较幸运的，我当时创业的时候，父母、岳父母给了我们极大的支持，对基本生活还是不用担心的。但是，并不是每个人都有这么好的后援啊。现在的大学生，四年下来已经给他们的家庭带来了不小的经济负担，家人盼望着他们尽快赚回头钱。一般的家庭哪里还经得起你创业来折腾。没有生活来源，这可能难倒了不少想创业的大学生。即使你不顾这些，硬是（当地方言）要创业，那也得先把自己养活了。要是给这些创业的大学生提供必要的社会保障，他可能就不会急功近利了。

Q5：您觉得您的创业属于哪种类型？生存型还是机会型？

A5：按照你们项目组给的那个定义，我想我的创业应该属于生存型的。但是，我创业也不完全是为了生存的需要。我毕竟是学技术出身的，当年在制造业技术上还是有一些积累的，离开那个企业如果再去找工作，我想也许也可以找份不错的工作。但是，当时经历了企业不景气以后，就不怎么想另外再去找工作了，觉得换一个工作也没有多大意义。

Q6：您现在餐馆的规模如何？有没有想过做大做强？

A6：我现在的餐馆规模算中等偏小吧。我开了两家餐馆，还是以前开办的第一家那个馆子人缘好些，老顾客比较多，利润还可以。去年新开的那个馆子现在生意还很一般，在老馆子这边用到的营销手段都搬到这边用了，但是，好像也没有多大起色。不知道是位置选得不好，还是什么其他原因。我对这个事情还有些担心呢，再过段时间看看吧。我这个人说起来，可能比较平庸，虽然也想着把事业做大，但是，不知道如何下手啊。毕竟我又不是学管理的，这几年生意上也比较忙，也没有学习多少管理知识，只是积累了一点经验。说到做大做强，我心里确实没底，不知道往哪个方向发展。你也知道，我们这儿的餐饮业竞争是很残酷的。再开一个分店，我都不敢考虑了，弄得不好，可能要赔上老本啊。有的时候想，我现在也吃喝不愁，维持现状其实也挺好的。说是这样说，其实，有机会我还是想事业更进一步。

Q7：如果现在给您提供培训提高的机会，您愿意接受这个培训帮助吗？

A7：这个挺好的啊。这几年在做餐饮的过程中，确实遇到过很多困难。例如，餐馆选址、餐馆营销等，我们也没有什么很好的办法。我们爱人家那边做了很多年餐饮，遇到上述问题，我们也就是和我爱人家那边商量、讨论一下，就拿主意了。可能我的餐馆的经营规模也不大，也没有能力聘请高水平的管理人员，也没有资金搞什么管理咨询。如果有机会接受创业培训，那何尝不是一件好事呢。说不定还真的能帮助我们提高经济管理水平。如果国家提供这样的培训，我肯定抽空去学习学习。我也非常希望你们这些专家学者给我们提提管理建议。

通过上述三位大学生创业典型人物的访谈，课题组基本明确了以下几个方面的研究主题：

（1）关于大学生生存型创业与机会型创业的动机问题。在大学生创业领域，也同样存在生存型创业与机会型创业两种不同的类型。但，两种类型创业大学生背后的动机并非如文献所述那样“截然不同”。第一位受访嘉宾的从小就有创业远大志向，但他却从小处做起，从生存型创业开始，逐步转向高层次机会型创业。第二位受访嘉宾以项目博取风险资本而创业，属于典型的机会型创业，但是，他也强调“说到底，生存是第一位的”。第三位受访嘉宾属于工作转换、辞职创业，属于典型的生存型创业，但是，他也认为“大学毕业都八年了，还一事无成，不甘心啊。于是，一咬牙就辞职创业”，包含了明确的寻求发展的动机。因此，大学生生存型与机会型创业动机之间并非截然不同，需要进一步探寻两者之间存在的“异”与“同”。

（2）关于大学生创业的影响因素问题。个性特质因素影响个体创业，在文献中受到了很多的关注，受访嘉宾也认为个性特质能够影响创业的成功。但创业能力才是创业的核心和关键所在。因此，他们强调大学生的创业经历、与创业者和企业界的交流以及创业教育对创业能力及相应的创业行为的重要影响。另外，社会保障和创业风险也是受访嘉宾比较重视的创业影响因素。因此，可以从大学生成长经历、大学生的创业能力、创业风险认知、创业社会保障等个体因素与创业环境因素入手，探寻大学生创业动机的影响因素及影响机制。

（3）关于大学生生存型创业向机会型创业转化问题。受访嘉宾强调生存型创业向机会型创业转化具有内在的动力，需要个体的经验和能力的积累，需要行业和市场的时机，也需要控制转型的风险，更需要坚定的信心，还需要外界的支持和帮助。尤其是，三位嘉宾均强调社会保障对生存型创业向机会型创业具有重要的托底作用。因此，可以从内在动力、创业能力、创业信心、社会支撑等方面探寻生存型创业向机会型创业转化的内在机制。

附录二　本研究的专家咨询所使用的调查表

本研究的专家咨询所使用的调查表包括以下三个方面：

（一）参与咨询的专家权威性程度评价表

本调查表主要通过专家对判断大学生创业动机问题的依据及影响程度、大学生创业动机相关问题的熟悉程度的自我评价，来检验参与咨询的专家的权威性程度。具体情况见附表2-1。

附表2-1　　专家判断依据及对问题熟悉程度自我评价表

尊敬的专家，请您就您对大学生创业动机问题的判断依据及相关问题的熟悉程度做出相应的自我评价。其中，判断依据包括实践经验、理论分析、国内外同行的了解、直觉四个方面，您可以做多项选择，并在相应的影响程度的系数后面的括号内打√；熟悉程度由非常熟悉至完全不熟悉五个等级，请您在评价栏的相应等级处打√。谢谢！

您对大学生创业动机问题的判断依据	判断依据对您的影响程度		
	大	中	小
实践经验	0.5（　）	0.4（　）	0.3（　）
理论分析	0.3（　）	0.2（　）	0.1（　）
国内外同行的了解	0.1（　）	0.1（　）	0.1（　）
直觉	0.1（　）	0.1（　）	0.1（　）

您对大学生创业测量量表相关问题的熟悉程度	非常熟悉1	比较熟悉0.75	一般0.5	不太熟悉0.25	完全不熟悉0

注：此表格中关于专家判断依据及影响程度、专家对咨询的问题的熟悉程度的评价指标及其相应的评价系数的赋值均来源于陈英耀，倪明，胡献之，梁斐，赵列宾，刘佳琦，施李正．公立医疗机构公益性评价指标筛选——基于德尔菲专家咨询法，中国卫生政策研究，2012，5（1）：6-10，7.

（二）测量题项纳入大学生动机量表的百分率调查表

本调查表主要探寻专家对项目组所总结的八个维度、六十五个测量题项可以纳入大学生创业动机测量量表的人数及其百分比。具体情况见附表2-2。

附表 2-2　第一轮专家建议大学生创业动机的测量题项纳入调查表

尊敬的专家，以下是项目组从文献中总结出来的 65 个测量创业动机的题项，请您根据您的判断，建议可以用于测量大学生创业动机的题项。您认为可以纳入大学生创业动机量表的测量题项，请在相应的题项后的“同意”栏打“√”；您认为不应该纳入大学生创业动机量表的测量题项，请在相应的题项后的“不同意”栏打“√”。谢谢！

备选题项名称	是否同意纳入量表		备选题项名称	是否同意纳入量表	
	同意	不同意		同意	不同意
A1 个人独立和自由			D5 工作中的变化和冒险		
A2 经济独立的机会			D6 科技创新		
A3 成为自己的老板			E1 为社会创造价值		
A4 成为企业的主宰			E2 为社会创造财富		
A5 自我雇佣			E3 增加自己有关的人的福利		
A6 掌握自己的命运			E4 增加相同背景的人的福利		
A7 领导别人而不是被领导			E5 增加我所在社区的福利		
A8 掌握自己的时间和工作			E6 为社会发展做出贡献		
A9 和自己喜欢的人共事			E7 为国家发展做出贡献		
A10 在自己喜欢的地方工作			E8 为自己创造工作岗位		
B1 增加自己的收入			E9 为家人创造工作岗位		
B2 积累财富			E10 为社会创造工作岗位		
B3 获取生存所需的资金			E11 继承家族传统		
B4 比就业挣更多的钱			E12 创办可以传承的家业		
B5 享受税收减免			F1 获得合理回报		
B6 急需钱			F2 工作不满意		
C1 发挥我的经验和专长			F3 找不到合适的工作		
C2 锻炼提升自己的能力			F4 工作前景堪忧		
C3 证明自己的能力与才华			F5 失业		
C4 提高生活质量			F6 朋友支持		
C5 有更多的自由时间			G1 受亲戚朋友创业影响		
C6 检验自己的创意			G2 亲戚朋友创业拉你入股		
C7 实现自己的想法			G3 家人朋友鼓励创业		
C8 获得个人成长			G4 家庭能为创业提供帮助		
C9 获得高的社会地位			G5 受学校良好创业氛围影响		
C10 获得公众和社会认可			G6 政府和学校提供优惠政策		
C11 扩大自己在社团的影响			G7 有创业基金支持		

续表

备选题项名称	是否同意纳入量表		备选题项名称	是否同意纳入量表	
	同意	不同意		同意	不同意
C12 受朋友尊重			G8 别人成功的示范		
C13 提高家庭的地位和声誉			H1 持续的工作安全感		
D1 自我创造			H2 给自己和家人提供保障		
D2 挑战自我			H3 保障家人的未来		
D3 享受刺激			H4 保障自己的安全		
D4 尝试新产品或创意			以上题项，若纳入量表，是否需要进行相应的整合或语义修改？　1. 需要　2. 不需要		

（三）大学生创业动机测量量表各题项恰当性程度评价表

本调查表主要探寻专家对项目组在第一轮专家咨询基础上整合、修改题项后形成总结的六个维度的大学生创业动机测量量表的各题项恰当性程度的评价。具体情况见附表2-3。

附表2-3　　第二轮专家咨询各题项恰当性程度评价表

尊敬的专家，以下是项目组根据第一轮专家咨询的结果，将各位专家认同度比较高的35个题项经过语义转化及维度整合以后形成的大学生创业动机测量量表。请您根据您的判断，评价每个测量题项的恰当性程度，并在评价栏的相应等级处打“√”。谢谢！

维度/题项名称	恰当程度				
独立动机	完全恰当（5分）	比较恰当（4分）	一般（3分）	有点不恰当（2分）	完全不恰当（1分）
D1 获得个性独立和个人自由					
D2 获得经济独立的机会／积累财富					
D3 自己当老板／主宰自己的命运					
自我实现动机					
S1 让自己的知识和经验学有所用					
S2 证明自己的能力与才华					
S3 挑战自我／不甘平庸					
S4 获得更高的社会地位和声望					
责任动机					
R1 为社会创造就业岗位					
R2 为国家和社会发展做更大贡献					

续表

维度/题项名称	恰当程度				
独立动机	完全恰当（5分）	比较恰当（4分）	一般（3分）	有点不恰当（2分）	完全不恰当（1分）
R3 为自己及家人创造就业岗位					
R4 增加与自己有关的人的福利水平					
生存需求动机					
N1 工作不满意 / 工作前景不乐观					
N2 找不到合适的工作 / 失业					
N3 比就业多挣些钱用于养家糊口					
响应政策动机					
C1 响应国家和学校的创业号召					
C2 享受国家税收减免等优惠政策					
把握机会动机					
C3 看到商机 / 有好的创业项目					
C4 别人创业成功的示范和激励					

附录三　大学生生存型与机会型创业动机研究问卷调查表

亲爱的同学：您好！以下是一组大学生创业相关问题的描述，请按照您真实的想法表达您对这些陈述的同意程度。5 表示完全同意，4 表示比较同意，3 表示一般，2 表示有点不同意，1 表示完全不同意，请您根据您的同意程度，在相应的表格内打“√”。所有问卷题项均无对错之分，问卷不记名，仅供学术研究之用，请您放心填答。非常感谢您的合作！

问卷一　大学生创业动机测量问卷

以下是一组关于您创业或假定您创业的动机描述，请表达您的同意程度	完全不同意（1 分）	有点不同意（2 分）	一般（3 分）	比较同意（4 分）	完全同意（5 分）
D1 获得个性独立和个人自由					
D2 获得经济独立的机会 / 积累财富					
D3 自己当老板 / 主宰自己的命运					
S1 让自己的知识和经验学有所用					
S2 证明自己的能力与才华					
S3 挑战自我 / 不甘平庸					
S4 获得更高的社会地位和声望					
R1 为社会创造就业岗位					
R2 为国家和社会发展做更大贡献					
R3 为自己及家人创造就业岗位					
R4 增加与自己有关的人的福利水平					
N1 工作不满意 / 工作前景不乐观					
N2 找不到合适的工作 / 失业					
N3 比就业多挣些钱用于养家糊口					

续表

以下是一组关于您创业或假定您创业的动机描述，请表达您的同意程度	完全不同意（1分）	有点不同意（2分）	一般（3分）	比较同意（4分）	完全同意（5分）
C1 响应国家和学校的创业号召					
C2 享受国家税收减免等优惠政策					
C3 看到商机 / 有好的创业项目					
C4 别人创业成功的示范和激励					

问卷二　大学生创业动机影响因素调查问卷

一、请您根据您的认识，对以下创业相关问题的陈述表达您的同意程度	完全不同意（1分）	有点不同意（2分）	一般（3分）	比较同意（4分）	完全同意（5分）
QS1 我了解一些企业家的创业经历					
QS2 我与同辈人中创业者常有交往					
QS3 我与亲戚朋友中的创业者常有联系					
QS4 我经常参加与经营管理有关的实践					
QS5 我对企业的创建与运行有所了解					
JY1 我在学校学习了系统的创业知识					
JY2 我在学校受过良好的创业思维训练					
JY3 我在学校受过良好的创业能力训练					
JY4 我在学校参加过创业计划模拟实训					
ZZ1 学习过程中能够发挥自己的积极性					
ZZ2 学习过程中能够发挥自己的主动性					
ZZ3 学习过程中能够发挥自己的创造性					
ZZ4 遇到问题我有自己的主见					
ZZ5 遇到问题我喜欢靠自己解决					
FX1 我担心创业失败带来经济损失					
FX2 我担心创业失败陷入债务危机					
FX3 我担心创业失败生活没有着落					
FX4 我担心创业工作负荷大损害健康					
FX5 创业要损失就业获得的工资和福利					
KX1 我对自己的创业能力充满自信					
KX2 我能克服成为创业者的大部分困难					
KX3 对我来说创办和经营企业不是难事					
KX4 如果我去创业，成功几率会很大					

续表

一、请您根据您的认识，对以下创业相关问题的陈述表达您的同意程度	完全不同意（1分）	有点不同意（2分）	一般（3分）	比较同意（4分）	完全同意（5分）
ZW1 我很想展示自我					
ZW2 我渴望出人头地，光宗耀祖					
ZW3 我渴望赢得社会和他人的尊重					
ZW4 我渴望实现自己的人生价值					
ZR1 我很想为社会创造就业岗位					
ZR2 我很想为经济社会发展做更大贡献					
ZR3 我很想改善父母和家人的生活质量					
ZR4 我很想带领亲戚朋友过上幸福生活					

二、按现行政策，大学生创业者参照灵活就业人员，给予60%的社保补贴。但，补贴期限不超过3年；个人承担部分未缴纳者不予补贴。请您表达对以下陈述的同意程度了

	完全不同意	有点不同意	一般	比较同意	完全同意
SB1 大学生创业的社保补贴力度太小					
SB2 大学生创业的社保补贴时间太短					
SB3 大学生创业的社会保障制度不完善					
SB4 无力缴纳社保费者得不到社会保障					

请您完成以下问题，我们会严格为您保密！

一、请问您的性别是（　　）

1. 男　　2. 女

二、请问您的年龄是（　　）

1. 18～22岁　　2. 23～28岁　　3. 29～35岁　　4. 36岁及以上

三、请问您现在的就读学历是（　　）

1. 专科　　2. 本科　　3. MBA　　4. 会计硕士
5. 工程硕士　　6. 科学学位硕士

四、请问您的专业是（　　）

1. 理学类　　2. 工学类　　3. 农学类　　4. 医学类
5. 经管类　　6. 人文类

五、您的年级是（　　）

1. 大一　　2. 大二　　3. 大三　　4. 大四
5. 研一　　6. 研二　　7. 研三

六、您来自（　　）

1. 城市　　2. 农村

七、您来自的省份（　　）

1. 东部地区　　2. 中部地区　　3. 西部地区

八、请问您是否参加过创业类的课程、培训和竞赛？（　　）

1. 从未有过　　2. 听过一两门创业类课程或讲座

3. 接受过系统的创业教育

九、请问您是否有与创业有关的实际经历？（　　）

1. 没有　　2. 参加过创业大赛

3. 参与过他人创业　　4. 曾经创业

5. 正在创业

十、请问您是否有过工作经历？（　　）

1. 工作过　　2. 没有工作过　　3. 实习过

十一、你了解国家和所在省份的创业支持政策吗？（　　）

1. 不清楚　　2. 略知一二　　3. 比较了解　　4. 非常熟悉

十二、如果您已创业，或假定您创业，您创业的行业是（　　）（可多选）

1. 零售业、餐饮、文娱服务业　　2. 农林、养殖业

3. 传统制造业　　4. 建筑、房地产

5. 教育、培训、咨询业　　6. 先进制造业

7. 高新技术创业　　8. 知识创造

9. 其他

十三、如果您已创业，或假定您创业，您创业是主动自愿还是被动无奈（　　）

1. 主动把握市场机会和资源而自愿创业

2. 没有其他更好的工作选择而被迫创业

再次感谢您的支持！